誰代表青年？

九位青年公共參與者的法槌

吳律德、曾廣芝、黃偉翔、林家豪（Buyung Sigi）
陳建穎、賴建宏、楊昀臻、曾露瑤、林楷庭／合著

青年參與　攜手共創

行政院政務委員　唐鳳

臺灣群山環繞，登山活動盛行，以往在出發前，山友需在營建署國家公園入園申請、警政署入山申請、林務局山屋與自然保留區申請等四套獨立系統中，反覆輸入幾乎相同的資料，多年來都讓山友們傷透腦筋。

這個問題在青年朋友的貢獻下，出現了改變契機。2019 年，在我的辦公室辦理的「青年學生體檢政府網站計畫」（Rescue Action by Youth, RAY）中，其中一組見習生設計出登山網站的原型，扭轉了長久以來為人詬病的使用者體驗。行政院隨後推出的「臺灣登山申請一站式服務網」，就是在這群青年朋友的優秀設計引導下，與各機關一起協作出來的成果。

這次協作經驗讓我體會到：青年朋友往往最容易感同身受社會現存的問題，也能確切提供解法；然而，有心貢獻的朋友，往往囿於資源不足而難以施展。此時，政府若能提出溝通管道、連結社群支持，

就能讓這些好主意有更多實現的可能。

　　例如，在國發會的公共政策網路參與平臺（Join.gov.tw）上，2017 便曾經出現禁用塑膠吸管的提案，很快就突破連署門檻，後來大家才發現，連署提案的王宣茹，是一位 16 歲的高中生。她不但成功透過網路凝聚力量，逐步實現限用塑膠吸管的倡議，今年更成為行政院「開放政府國家行動方案推動小組」的第一屆委員。

　　於此同時，上千位青年朋友提案倡議下修民法成年年齡，也獲得行政院的支持，於 2020 年 8 月 13 日院會通過《民法》等 38 項法案的修正，將成年年齡自 20 歲下修為 18 歲（選舉投票權則是循修憲程序討論）──這些都是青年自主發聲的體現。

　　時至今日，進入政府內實際參與政策，也逐漸成為青年朋友的日常。2016 年行政院設立青年諮詢委員會，從「reverse mentor（見習顧問）」的理念出發，不僅讓青年朋友進入院內與各部會協作，進而給予建言、為政府指出未來的方向。

　　青諮委員來自社會各領域背景，往往具有第一手實務經驗，對於串聯產官學研社各部門以解決社會問題和參與地方發展，常有立竿見影的效果。舉例來說，第一屆的胡哲豪委員倡議大專院校應推動性別友善廁所，便獲教育部支持，在進行全國普查後納入補

助指標；黃偉翔委員在擔任第二屆青諮委員時，提案讓國際技能競賽（WorldSkills Competitions, WSC）國手參與國慶遊行，這項建議旋即獲得行政院支持，讓蜚聲國際的技職國手，能受到國人的肯定。

「萬事萬物都有缺口，缺口就是光的入口。」對我來說，青年朋友的創意和活力，就是解決社會問題的那道光。我期待未來有更多青年朋友加入協作的行列，讓政府的力量推動各位的向量，一起編織出永續的未來。

作者序／

新媒體工具青年

吳律德

在臺灣與青年諮詢（以下簡稱青諮）者有關的政府文件，從 21 世紀始最早見於 2004 年行政院青年輔導委員會委託臺北大學研究的《制定青少年發展法之研究》的第三節第五點的（四）之 3：「研擬設置各級政府『青少年議會』、『青少年諮詢委員會』，以促進青少年對於國家政策及社會公共事務形成過程之參與，促進青少年代表參與攸關其權益政策之制定。」但當時的研究年齡定義為 12 至 24 歲，而實際上，21 世紀以降的政府青諮組織應該要從青年國是會議諮詢會開始算起，至今可粗略分為四個時期。

1.單一任務期

2004 年行政院召開第一次青年國是會議，在 2006 更發展出青年國是會議諮詢會，2007 年名稱為青年國是會議諮詢委員會，在這期間青年諮詢組織的

任務就是以籌辦國是會議為主的單一任務。

2.青輔會專責期

2008 年更名為青年諮詢團，但在第二次政黨輪替後的 2009 年才完成聘任，此時仍稱為團員，而非委員會制，但已開始依青輔會執掌對應，分創業育成、就業輔導、民主發展、志工行動、旅遊文化等五組，形成第一個中央部會中青年專責單位的諮詢組織。此時運作採公開徵選、被動諮詢模式為主，一直運作到 2012 年，青輔會主要業務被併入教育部後才停止徵選。

3.教育部專責期

2013 年起，由教育部設立青年諮詢會，以青年發展署為秘書單位協助其運作，並將組別改為教育與生涯規劃、社會關懷、民主發展、國際及兩岸參與等四組。隔年改為對應教育部各司署業務為主的國民教育、高等教育、技職教育、國際及兩岸教育、公共參與及生涯規劃等五組，此時已改採工作小組自主提案的運作模式。

4.後 318 運動期

　　2014 年 318 運動後，行政院才開始採公開招募設青年顧問團，值得一提的是，自薦資格之一首見有新媒體相關文字，並依行政院各業務處執掌分為六小組，不過也是首次以青年顧問一詞為名的青諮組織。而在 318 運動當年正值地方選舉，因此從隔（2015）年起地方政府也開始設立青諮組織，直至 2016 年第三次政黨輪替後，院青顧轉為院青諮並從公開徵選改由部會推薦，而教育部青諮會則降為青年發展署青諮小組至今。

　　很明顯可以發現，21 世紀開始，臺灣青諮的發展與轉變歷程，主要就來自於政黨輪替及青年社會運動或學生運動兩者，前者是為實現更為民主的承諾，但也有造成越改越差的狀況，後者則是為回應社會及青年的民主需求。直至今日，分布於中央各單位、地方政府的青年諮詢組織越來越多，中央與地方的執政者又視現代青年的象徵為何呢？

　　正值本書撰稿之際，在 2020 年 8 月 4 日晚上，發生一件令人悲痛至極的憾事，新北市金山區公所負責新媒體事務的約聘僱人員，同時也是本書許多作者的好友，曾在教育部擔任青諮的陳嘉緯離開了，此事震驚了整個學生自治、青年公共參與圈！親友間過去

耳聞其長期超時勞動的問題，也因為許多媒體及社群媒體的渲染浮上檯面，但在沒有科學及醫學證據的支持下，難以將其離開的原因完全歸咎於過勞。

　　但當代的公共事務環境，尤其在公共政策推廣上，無論中央、地方政府，皆非常仰賴新媒體（或稱社群媒體，例如 LINE、FB、IG 等）作為宣傳工具，許多縣市政府在新媒體工作人力配置上其實常已抓襟見肘，在新北市更是深入到各區都有自己的臉書粉絲專頁。現實上，區公所原來並無新媒體的業務，所以多只能由約聘雇人員來負責，其他現職公務人員兼任協助，過去內政部，甚至還由替代役男來兼任臉書粉絲專頁小編進行新媒體工作；同年 9 月 8 日，臺南市七位執政黨議員聯合召開記者會，批評臺南市青年代表招募方式，竟有百分之四十五的評分是網路人氣票選（由報名者在臺南市府臉書粉絲專頁張貼影片的獲得按讚數），明顯地是先入為主地認為，青年就該擅長新媒體科技宣傳，進一步來看則是希望這些青年代表，未來有機會能在各種場域，為高層或市府單位形塑類似「網紅」的大眾形象。

　　一直以來，青年在大眾視野前常被當成具有「未來希望」、「積極發展」等象徵，這在許多有關青年的論述上也屢見不鮮，所以認真聽取青年意見的政府，也會被冠上類似的象徵，但發展至今，因公民的閱聽

習慣逐漸以新媒體為主，自然會使政府論述或宣傳透過新媒體呈現，而許多政府在新媒體能力、人力雙缺的情況下，預算充足且想長遠發展的就會委託專業廠商成立新媒體小組運作，預算不足但不一定想長遠發展的就是與既有網紅合作，推廣議題或加持長官人氣。但最不理想的就是預算不足卻想長遠發展的，那就是以約聘雇、替代役、青年代表等極低人事成本的方式來負責新媒體工作或協助製作網路影片，剛好這些協助新媒體工作的都是青年，而相對於過去電視、報紙作為宣傳手段的新媒體，被當成好像都不需要任何專業，只是隨手可得的工具時，青年在公共參與圈也常一樣被當成工具。

一言以蔽之，當前多數熱衷於社會公共參與或地方公共事務的熱血青年，已被許多政府高層乃至於基層官員，形成了難以擺脫的象徵——「新媒體工具青年」。

因此本書於此時問世，正是希望透過九位現任或曾任中央與地方青諮的夥伴，書寫自身經歷及闡述想法，讓有意願翻開此書的青年讀者能了解到底誰代表了你，而不認為自己是青年的讀者，也能知道現在青年在意的到底是什麼。

目錄

協作模式的雙面性與展望

曾廣芝

　　面對當今世代的公共議題，由國家政府與公民社會建立夥伴關係，以協作取代單箭頭模式，營造共好系統，這自然是非常令人期待也嚮往的，然而在建立協作模式的過程中，確實有諸多需要調適以及嘗試的部分。青年諮詢組織，是其中一種青年公民與政府建立協作的方式，然而非常有趣的事情是，這樣的協作雖然看似實施多年而具一定的穩定性，實則仍有些現況與前提需要被檢視與釐清。青諮組織通常是類似於行政外掛的無給職角色，常常是在學習與工作之外，再想辦法撥出時間進行公共參與，提供想法與建言。理想的協作模式是青年與政府在協作過程中，都有所益處，也促成了政策益趨完善或考量更多元的視角。但在另一方面，當青年將個人專業帶入部會、局處，甚至直接陪伴著機關單位完成政策，雖促成了政策的完成，無論在使用者體驗或自我實現上都有所助益，但回歸到現實的生活面與政策價值上，這樣的形式其

實在資源能動性以及延續性上是有限的。當這個青諮離開，雖然後續可能仍會以專家學者的方式繼續陪伴著公務部門，但政府端仍不具備相關想法的預設知識與價值，是否能促成長期的、內化的影響仍需觀察－－然而進行這樣的觀察與政策評估，其實又是另一種專業了。現行的研考單位是否熟悉因應開放政府、公私協作等新的價值與精神會面對的新式評核機制，可能也是需要開發與討論的內容；另一方面，青年所提供的專業服務，僅會以出席費來做為補助，這與該專業的行情，可能相去甚遠，但青年在協作專案上所付出的心力，卻可能跟執行專業工作時相去不遠，而若以標案形式，有仍需處理是否需利益迴避的問題。青諮組織的模式，雖然讓我們看見了公私部門可以在多元領域進行政策協作，青年可以影響政策，而政策也能更加涵容，並且能納入跨世代的視角，然而這種美好的背後，其實也隱含著兩大隱憂：第一，政府在財政結構與規劃上，難以長期納入某些專業模式；第二，此類協作模式的平穩架構在青年的熱忱、社會責任感與自我剝削上等不穩定因素上。

青諮模式其實也並非一塊鐵板，但每一年都有對公共參與有興趣或至少願意投入的青年參與其中，而青諮這樣的協作模式運作至今，社會上仍對於這樣的模式陌生，而有許多誤解。這些人是職業學生嗎？他

們跟國策顧問／市政顧問有什麼不同？另一方面，公共參與的夥伴們也在自問的是，有了青年諮詢組織後，有什麼不同，有越來越好嗎？或者我們能夠怎麼運用這樣的機制讓「越來越好」發生？

　　青年公私協作是一個既有的機制，走到現在，可以來分享討論如何更進步，還有哪些不同的可能。這本書中，我們邀集了九位在中央、地方曾任或現任的青諮們，一起談談什麼是青諮？青諮都在做些什麼？他們又認為青諮該怎麼繼續發展？或者是青年公共參與這塊，還有什麼是可以努力的？每個人透過不同的視角，構築了不完全一致的解答，卻都是深度檢視青年公民與公務部門協作模式之濫觴。當然，有些問題可能是青諮們也仍在探詢的，但在這幾年公民社會與政府共同的摸索下，我們仍期盼能有些內容生成，作為提供給過去與未來公共參與青年的經驗傳承與累積，我們可以互相學習、互相避免重蹈覆徹，也誠摯期待在廣義的青年發展事務上，能再多推進一步，一起打造更好的公民社會。

時代創造青年，青年考驗時代

吳律德

　　記得這句話嗎？「時代考驗青年，青年創造時代」，在筆者橫跨兩黨政府的各種青年參與經驗，卻認為是相反的，應當是「時代創造青年，青年考驗時代」。臺灣民主化歷程從解嚴算起約三十餘年，從 2006 年始（也就是臺灣民主化開始的第十九年），中央或地方政府產生越來越多的青年諮詢委員（或稱青年委員、青年代表等，本文用「青諮」二字稱之）的角色，如今對「青年」的年齡定義最常見是十八至三十五歲，因此當前就是——「臺灣民主化的青年時代」，民主化的需求也因此需要更多的青年參與，所以才會在中央各部會或各縣市政府陸陸續續「創造」出各種名義的青諮。

　　換一種說法，青諮會出現其實也是為了承接解嚴後世代（這裡泛指 1980 年後出生者，其上小學後已解嚴），因民主化的社會環境及教育過程，有更複雜的民主需求，所以政府必須創造更多青年參與的管

道，其政治目的不言而喻，這對臺灣青年而言，絕非壞事，但對以解嚴前世代為主的高級事務官而言，卻是一個極大的「考驗」，而考驗中最明顯就是僅為一紙行政命令的青諮要點（或辦法等），隨著政黨輪替不斷變更任務的青年諮詢組織，從最早的青年國是會議諮詢會，到行政院青年顧問團，再到現行的行政院青年諮詢會，總統的任期最多只有兩任八年，但任何臺灣公民簡單一算都可擁有十餘年的「青年」身分，使未有法律保障的青諮載浮載承，進而使許多諮詢意見每幾年就有所改變。當然，你可以說臺灣民主化正值青年時期，常有變化實屬正常，但對高級事務官而言，最保守的作法，除依法行政外，就是時任政務官的「高層」說啥是啥，青年的意見如果長官重視，那就努力辦到好，如果不重視，那也要努力轉圜到好（旨意為盡量減少衝突，反正大多數青諮任期也只有一年），而許多青諮的熱情、想法就在「考驗時代」的過程消磨掉了。

另一方面，臺灣民主化走到現在，青年參與公共事務也不應該只有選舉、青諮等被有些人認為是「體制內」的途徑，社會運動（有些人會稱為學生運動，但筆者不認同把青年與學生混為一談的說法）更是主要管道之一，並常是改變許多政府制度的關鍵點，而這也因解嚴後世代接觸社會議題的資訊更透明，公民

教育日趨完整所致，而解嚴後的臺灣民主時代，更為臺灣青年「創造」真實的自由來行使公民基本權利，其中最常見的就是透過明確訴求與非暴力和平的公民不服從，也是最能「考驗」臺灣民主化程度的力量。21 世紀以來，最為青年所熟知的就是在 2014 年的 318 運動（媒體稱之為太陽花運動，筆者不以為然），筆者時任教育部青年諮詢會，早在 2013 年底時就強烈建議政府，要盡快開啟與臺灣青年真實賦權的溝通場域，並建議從「服貿對青年就業的影響」、「高中歷史課綱修改所延伸的歷史教育問題」等議題為主軸，召開全臺多場次且每場較少人數的微型青年政策論壇，並在論壇結束後盡速且明確的參考論壇結論，做出政策改善並回應青年，但卻遭「高層」回應雖同意召開微型青年政論壇，但建議議題為既定政策，不予討論。因此筆者一直認為 318 運動就是典型的公民不服從，在各種政府體制下的管道大家都試過後，卻沒有真實的改善甚至連談的機會都沒有時，青年當然會開始「考驗時代」。

　　臺灣無論戒嚴或解嚴後時期，都會有應當重視青年的聲音或政策出現，從早期的青年反共救國團，催台青，到現在的各種青年政策（青年社會住宅、青年就業補助）等，但實際上臺灣並沒有明確定義青年年齡範圍的法律，所以每次制定青年政策時，第一個面

臨的問題就是年齡範圍，而且隨著政策需求也都不盡相同，每次出一個新的青年政策就是在「創造」一種新的青年定義，而被創造出來的青年，是否對政策買單，也就是對執政者的一種「考驗」。這不但是一個長期且影響深遠的問題，也是讓許多青諮在參與政策諮詢時，最開頭就是要釐清施政對象，同時因為政策需求，任何機關都會在徵選青諮時，希望具有議題的多元性，最好同一期有學生、就業者、創業者、家庭工作者、非營利組織等不同身分的青諮，但也就因為背景的不同，常只能先針對不同議題讓個別青諮參與，加上終於機會能夠經過層層篩選的青諮，光顧自己在意的議題都來不及了，大多時候也難以在「誰是青年？」或「誰代表青年？」這些議題能夠有機會取得共識。

過去筆者曾待過青輔會青諮團、教育部青諮會、青年發展署青諮小組，工作模式大同小異，青諮組織都會依照單位需求或職掌，將青諮依其意願分到各分組，接著每年會有固定幾次的定期大會，讓青諮可以與所屬單位進行整體意見討論或交流，且讓不同組別委員有機會交流，所屬單位則會依其施政需求，邀請對應分組的委員提供政策諮詢。其中比較特別的是，教育部青諮會時，許多委員亟欲改變這種被動諮詢的模式，而是將各分組定位成工作小組，可以透過自行

開會，主動提出新的政策供教育部酌參。前段提及的微型青年政策論壇即是筆者在民主發展組擔任召集人時提出的，但當時面臨到最明顯的問題就是除了主責青諮會業務的青年發展署外，教育部其他各部、署極少採納青諮意見，甚至給人感覺青諮會就只是青年發展署的諮詢單位，因此在筆者卸任前，教育部甚至還有一個將青諮會改隸於青年發展署的提案，雖然當時因多數委員反對，讓提案遭擱置，但沒過幾年後，仍轉型為現今仍存在的青年發展署的青年諮詢小組，而工作模式也就回到早期的被動諮詢。唯一值得一提的是青年諮詢小組的任期算是所有青諮組織中，少見的兩年，這才能使青諮完整參與整個施政流程，也有機會在政策抵定前提供前一年看到的問題，做出更為實質的改善建議。

在青年公共參與的過程中，如何與行政官僚對話、協調，永遠是公共參與最基本的課題，實質上跟你討論的大多是承辦人，決定政策草案的是科長、組長等薦任以上的事務官，而最後核定的則是簡任以上的高級事務官或次長級以上的政務官。這種科層體制若無法參透，常會使許多青諮覺得自己的意見像是有光無聲的鞭炮，所以在政策諮詢的現場，就要先清楚今天會議的目的及自己能扮演的角色，因著政策需求、「高層」意志、社會輿論風向等的需求下，可大

致歸類為三種角色，分別是背書者、改善者、創意者。

　　背書者，大多時候青諮出席政府邀請的各種諮詢會議，都會取得一千至兩千五不等的出席費。而出席時極少發表意見甚至沒說過半句話，或只是附和現場所屬單位長官意見的人，我都稱他們拿的費用為「出現費」，而這種人也常扮演著為政策背書的角色。但還有一種例外的狀況，就是某一政策諮詢前，「高層」早有定見，這時被邀請的青諮，好一點的還會給予執行細節討論的機會，例如辦在何時比較適當等，但只要會影響政策方向的意見，也就笑笑地回你「感謝委員意見，我們這邊會記錄下來」，然後紀錄結論上寫上「供參」二字，實質上現場或會後並沒有任何有建設性的調整，這種情況下，大部分的委員就只能「被」成為背書者的角色。

　　改善者，這是大部分青諮扮演的角色，可是所謂政策改善，在不同觀點下有不同做法，在政策承辦人或薦任以下的事務官前就是在人力、預算許可下讓政策能更順利執行；在高層長官前就是能夠讓政策更廣為人知（所以只要有延續性或定期舉辦的政策常常會出現長官會希望「擴大參與」的需求）；在社會輿論前則是符合多數人甚至全民的利益或意識形態。而作為青諮，我認為最好的改善意見就是先做好政策目標

的功課，如果政策目標能夠符合民意，在合法的前提下，提供符合政策目標且有機會永續執行的改善意見，政策目標如果不符合民意，那就必須要在諮詢會議前，先從薦任以下事務官了解高層的想法，必要時直接登門拜訪高層（如果時間盡量配合下還是約不到，那就請你準備當背書者了），以有系統性且經過意見蒐集地製作一份書面建議（請盡量不要超過一張兩頁 A4），當面與高層討論，看能否有機會調整政策目標。但實際上，有時會遇到諮詢會議前一天還沒收到政策草案或計畫，這時就是考驗青諮的臨場反應，一進諮詢會議現場就要先立刻釐清是因為政策急就章、承辦人沒有經驗或是有預謀地讓青諮當個背書者等？如果是急就章，那也不要輕易動怒，最常見的狀況是突然高漲的民意或更高層的意見，使長官突發奇想，那就想辦法藉由許多執行細節的調整，讓同一政策的諮詢能夠有第二次以上的會議；承辦人沒有經驗下也是類似的作法，只是必須在第一次會後，要比較頻繁且友善地給承辦人之前的政策執行經驗。如今公部門這種情況很常見的原因就是慣於徵選大量約聘雇，但在沒有對等的薪資、福利保障下，這些約聘僱人力就算是人才，經常也是換得非常頻繁。至於有預謀的情況下，最好能找同一組的青諮交換意見，討論出應對方式，當然，現實狀況也常會遇到甘願當背書

者的青諮，最後也只能在未來交由公評。

　　創意者，這種角色是最少見的，不只是難度最高，更是因為需要創意時，大多是在政策尚未有具體執行方案前才有機會提出，大部分的時候，「高層」對於政策內容都自有定見，所以許多政策都是在已經有既定目標及內容的情況下才會找青諮諮詢。但難免都會遇到幾種情況，一是法律出現新的修正，行政單位為依法行政，不得不調整原有政策目標或內容，此時是青諮就難得能參與到政策形成前的構思期，對行政官僚而言，其實只能從相關修正法條的立法精神中，努力確認新的施政目標，如果無法拼湊出具體執行方案，青諮多半會被邀請開數場腦力激盪或較為劇烈的討論會，也很有機會成為未來政策執行的方向或內容，能遇到這種狀況，其實是非常幸運的。二是臺灣已經歷過的三次政黨輪替，而每一次政黨輪替，我認為就相當於「一場輪替，一場空」，一換黨執政，原有政策大多會被修正，例如 2004 年的青年國是會議，到 2008 年轉型為青年政策大聯盟之青年政策論壇，再到 2017 年改為青年好政聯盟之青年好政論壇（2018 年改名為青年好政 Let's Talk，沿用至今）。此時青諮若在交接前一年上任，又很常變為最後一屆，通常也沒有機會再接受諮詢，但若有幸於政權交接之後第一年擔任青諮，就有機會成為創意者，不過此時

能被採納的創意，也要遵循著新上任「高層」的選舉政見，這點在臺灣民主憲政的邏輯上當然無庸置疑。但此時的青諮若能幫所屬單位在政策大轉彎下化險為夷，就很有機會取得行政官僚的信任，未來在其他政策的諮詢上，意見也會比較被重視，而前面提及的微型青年政策論壇正是在青諮改組後，任務有所轉型時，才有機會提出。

現在大概知道青諮能扮演什麼樣的角色，但這只是筆者的一家之言，一定還有其他角色礙於個人能力、經驗或篇幅不及備載，所以有些筆者認為青諮該有的基本原則，希望能跟讀者分享並共勉之，分別是釐清組織定位、強化青民管道、保持不卑不亢、掌握時事脈動。

參與任何組織運作前，都最好能先釐清該組織的定位，青諮也不例外，雖然青諮組織都會被拆分數個組別，或是個別青諮分別被邀請諮詢，但在成立青諮的要點上其實都會寫明該組織的任務，再加上「高層」的期待及事務官願意或可以分享的權限，就是該屆青諮組織的定位。如果上任後（多半是指第一次全體青諮大會後），仍搞不清定位，就算有再多好的意見或即使一開始想當改善者、創意者，也常不明不白地變為背書者，自許高風亮節的就選擇不再提供諮詢甚至辭職，隨波逐流的就會變成領著出現費的「過

水」青諮，也不用太多抱怨定位跟你想的或社會需要的不一樣，沒人脅迫你擔任青諮，釐清組織定位本來就該是每位青諮的個人功課。

　　絕大多數的青諮雖然都不是靠青年一人一票選上的（通常要經過投票的多會稱為青年代表），但仍然不要忘記自己在所屬單位眼中常是青年意見領袖，而且青諮具有少數能定期、明確與「高層」的溝通管道，所以青諮雖不能算是民主國家代議制度的民意代表，但也盡可能不要與當下的青年需求背道而馳。因此要試著不斷強化與青年公民的民意蒐集管道，網路發達的現在，其實有很多方法蒐集意見，舉凡製作電子問卷表單、網路論壇或影音頻道相關留言意見蒐集、甚至只要透過臉書或 IG 貼文，都能看到許多意見，這裡不會花太多篇幅一一闡述，只是請在進行蒐集前，要盡可能地提供完整、清楚的資訊，而不是一紙空白地憑空詢問，也不要太常使用二分法（是否、同意或不同意等）的方式，這樣才有機會得到更多有效意見。而所有意見蒐集後，如何分析並帶到諮詢現場，就端看你想或你能當什麼角色，任何青諮都難免會有自己的定見，但請先確定你的定見能通過相關政策實施後，現場多數利害關係人的考驗，否則長期把持定見，最後只是在弱化青民管道而已。

　　有些青諮在上任後會收到所屬單位為其量身打造

的名片，偶爾會聽聞少數青諮拿著名片招搖撞騙，嚇唬不瞭解的基層單位，這是非常不可取的。又有些青諮對待承辦人總是傲氣逼人，面對高層卻極盡恭維，通常在青諮圈裡，這些人也一定會被快速傳開並遭到撻伐。所以請不要忘記青諮的任期與權力範圍都是非常有限的，而做最久且最終要負責的則是承辦人、事務官或是相關基層單位工作人員，因此對待他們，請盡可能地保持「不亢」。但青諮面對政策諮詢，當然要能暢所欲言、大鳴大放，可這些也不應是對「高層」卑恭屈膝才能換來的。只要你言之有物地做個改善者或創意者，在沒有預謀的變成背書者前提下，許多政策都有機會因你而改變，所以平常與「高層」相處可以互相尊敬，但也請在政策諮詢時堅持「不卑」。

現今臺灣在性別、族群、勞動等社會議題上進步得越來越快，其中推手也大多是青年公民，所以身處青年世代的青諮，對時事脈動自然要掌握得宜，最關鍵是要懂得分辨及杜絕不實資訊或假新聞，並透過民主、法治、自由前提下獨立思考及分析最近的社會議題。這裡要特別提及的是，請千萬不要在被特定名詞混淆下（例如意識形態、民粹等），先入為主地定義任何事件、議題，許多政治學、社會學的名詞常常被媒體混淆後借用，當聽到這種混淆名詞的評論時（例

如被意識形態綁架、政府在搞民粹等），就要特別小心，找出與議題相關的數據、事實、證據後再進行分析，才是真正的「獨立」思考，若能將此做為掌握時事脈動的準則，才有機會在每次政策諮詢時，提出不與現實脫節又具理想的意見。

從角色到基本原則，都是假設見文者多為現任或曾任青諮的青年，但若你／妳只是剛好瞥見此文，燃起想當青諮的願望，筆者雖不善澆冷水，不過現行青諮不但沒有法定職權，也無法當成一份工作，付出熱情或創意也不一定會有回聲，但對願任者，或多或少都有一窺甚至參與政府決策層級運作的機會，且對個人未來經歷及人脈定有助力，這裡分享徵選青諮前建議準備的功課。

第一，要具備對法規、預算、政策計畫的判讀能力，這不代表青諮一定要法律、政治等系所畢業，而是平常要有閱讀這些資訊的習慣。這邊提供幾個方法，每天上全國法規資料庫看新增或修改的法規命令；每年至少兩次把所屬單位的今年度預算、施政計畫及去年度決算全部瀏覽過；每兩個月至少一次在政府電子採購網搜尋所屬單位的標案（找自己關心的議題即可，以勞務案或採最有利標為主）。法規命令的新增或變更會影響到政府的施政方向，所以重點應該放在最右邊那一欄的修正說明或立法精神，預算及施

政計畫會顯示所屬單位預計要做的事情，採購標案中的招標說明或規劃則會明白表示政策如何具體操作，剛開始總有閱讀「無字天書」之感，但只要在過程中去思考文字形成的邏輯，並假想在公民前會有何影響或呈現什麼樣態，就能在這些「無字天書」中找到政府施政的視野，進而理解為何要如此擘劃執行細節。

再來，要非常清楚所屬單位的組織職掌及發展脈絡，前者可透過官方網站找到組織圖及職掌，後者除組織簡介外，也可查詢維基百科，並粗略補足過去十年內曾實施過的政策。接著要從各家新聞觀察所屬單位曾施行過青年特別關心的政策，可從網路論壇或新聞下留言了解特別關心的程度。大部分面試官（尤其是所屬單位派任的評審）多會注意面試者對單位的整體了解程度，因為能減少青諮上任後的磨合時間，把更多時間留在提供改善或創意。

最後，就要將自己熟悉或特別關注的議題與所屬單位現行政策，提出具體、務實的改善意見，這部分要能在徵選時的書面資料或面試中的自我介紹或回應評審問題時呈現，不要泛泛之談，尤其是盡量不要拿青諮本應具備的基本原則來回答（例如會如何蒐集青年意見、隨時關注時事變化提出建議等等）。建議可在前兩段提及的功課做完後，回頭找尋議題當前面臨的矛盾與困難，再綜合分析後提出能實際操作的解決

方案，唯有如此，才有機會被認為是對特定議題有一定熟悉度的青諮，也才會符應青諮徵選時的多元化需求。

當前臺灣與青年最相關的最高層級政策，為行政院發布至今五年多的《青年發展政策綱領》（2015.04.30，以下簡稱綱領），但青年的生育率、初次就業率、失業率等仍沒有顯著改善！或許因青諮組織增加使公共參與的管道越變越多，但綱領仍將成年與未成年者混為一談，處理教育議題時，到底是國民教育還是高等教育？或是反菸的同時，又繼續賣菸給18歲以上青年等許多無法對症下藥的未解難題，明顯只是表面功夫的文章，而無實質改變或進步的可能。其實，從一開始「為青年找出路」的思維就是最根本的問題，青年需要什樣的出路，應該要從明確群體去思考，而不是同時把大學生與高中生放在一起。

筆者認為青諮及綱領當前面臨的問題，多半是因臺灣民主化正歷經蛻變期，雖無法預見完成蛻變要多久，但只要能秉持「一代人做一代事」及「前人種樹後人乘涼」的想法，有生之年必有機會看到改變！最後請容筆者再向未來想當青諮的讀者或是見此文的「高層」提出三個建議共勉。

一、建議制定有明確定義青年年齡範圍及授權行政院

制定並定期檢視修訂綱領的青年發展法，以利中央與地方青年政策推展：

現行青年並無法律位階規範定義其年齡範圍，所以應先參考《兒童少年福利與權益保障法法》，新立如《青年發展法》等清楚定義青年年齡之法律，使中央與地方各機關青年政策之施政對象能夠明確，並在該法中比照技術及職業教育法之技術及職業教育政策綱領，由《青年發展法》授權制定及定期檢視修訂綱領之條文，讓政府青年政策相關機關有法可循，能完善綱領並與時俱進，不再只有紙上談兵。

二、協助各縣市政府盤點既有青年政策後，協助成立青年專責單位及青諮統一窗口並協助政策推展：

教育部青年發展署現已有「青年資源讚」網站盤點及統整中央、地方政府與青年有關之政策，但大部分縣市政府多未有青年專責單位，更遑論統整各局處之青年政策的管道，所以該網站常出現不同縣市的類似政策，標準及窗口也都不一，因此中央政府可盤點地方政府多數已實施之類似青年政策後，再透過提供獎勵及補助整合之，並協助成立青年專責單位及青諮，以便統一窗口及未來政策推展。

三、希望未來能以青年賦權為前提、民主法治為原則、由下而上的形式，廣邀全國青年共同修正綱領以符合當代青年公民需求：

　　政策決定程序會看出有無彰顯其政策利害關係人之主體性，過去制訂綱領時，筆者正是教育部青諮，但卻沒看到中央政府透過不同管道廣邀不同身分之青年來進行由下而上的發展綱領，而是靠一群專家學者、少數的青諮及網路青年意見形成，最後仍是政府由上而下的決策綱領文字，自然會與現實狀況脫節，若能先從立法院願意修法或新立法賦予青年族群的實質權利，也就是青年賦權開始，再透過民主法治的原則及由下而上的如青年國是會議等形式，讓綱領能夠修正得更符合當代青年公民需求。

| 作者介紹 | 吳律德

生於臺灣臺北市文山區，是一名政治、社運、教育、非營利組織人士，長期為學生自治、青年公共參與發聲。

經歷
2017-2019 年　教育部青年發展署青年諮詢小組委員
2019 年至今　　教育部國民及學前教育署青少年諮詢會顧問

青年共創可以再進化

曾廣芝

自由・賦權・公民參與

"Wir gehen vor, nie zurück."
（我們前進，永不回頭）
～《席卡內德》〈胸懷大夢〉

　　任何事情，可能都可以追溯到一個開端，但觸發開端的機制與結構，相較而言則顯得安靜許多——然而那些無聲的，可能正是影響深遠的。

　　許多與我年紀相仿的人，對於公共議題的關注與積極參與，都源自於 2014 年的三一八運動。儘管先前就常關注公共議題，但我正式踏入「公共參與」，其實也是在 2014 年。2014 年 5 月，前總統馬英九先生在其連任就職演說上宣告了行政院將成立「青年顧

問團」，與青年對話，讓青年提供建議。第一屆行政院顧問團的甄選模式每個人都需要填報名表，報名者除了提供個人資料外，也需要拍攝 3 分鐘影片對自己所關注的議題提供建言。篩選機制分成三個階段：初審為資格審，複審由院內外共 12 名遴選委員進行遴選，最後由時任行政院長的江宜樺主持決審，一共選出 27 位青年，平均年齡 27 歲，女性佔 1/3 [1]。當年我以環境與公衛相關的政策建議入選——當然，這只是我個人的揣測，時至今日，儘管了解遴選會考量領域與社群力，但關於遴選的狀況與其中實際的討論狀況仍不甚清楚，即便入選也不確知從報名到正式上任的中間曾經發生過哪些事情，而遴選機制確實是青年諮詢組織最令人好奇的部分。

　　此後，我曾參與行政院青年顧問團、環保署資料開放諮詢小組、行政院青年諮詢委員會與臺北市青年事務委員會，不同的諮詢組織其生成與運作模式皆不盡相同。以資料開放諮詢小組為例，是直接因為公衛背景與學生代表雙重身分被環保署邀約；行政院青年諮詢委員會則是 2016 年蔡英文總統上任後改制的模

---

[1] 「行政院青年顧問團」徵選結果 27 位青年脫穎而出，日期：2014-07-05 資料來源：行政院新聞傳播處。網址：https://www.ey.gov.tw/Page/9277F759E41CCD91/87835aa9-9340-4df5-bc34-bab55e662c12

式，我於第二屆（2018-2020）期間因被衛生福利部推薦而加入青諮會——雖同屬院級，但青諮會不同於青顧團，其成員組成皆為各部會推薦而不包含自薦者。臺北市青委會則類於青顧團，是由青年自行報名與受推薦之專家委員形成。有趣的是，除了資料開放諮詢小組原先就不限於「青年」參與，而是集結產、官、學代表，其餘組織之「青年」年齡定義均有別。直到現在，若一覽各地青年諮詢組織的年齡限制，猶能看見極大差異，本人亦曾在青年發展協進會邀稿之文章當中，針對此主題，列出各地及各政府計畫在年齡上下限上的差異及其關乎上下限制定原因之推測。

　　儘管主旨都是「青年參與」，但各組織除了在遴選模式、年齡限制外，實際運作的模式亦有區別，其中最明顯的就是：是否有根據議題分組。青年顧問團以及臺北市青委會都有根據議題分組，然而實務運作上，雖各組皆有對應之業務單位，委員並不會被組別的框架所圈圈，多數仍是根據興趣與時間參與多組會議。分組的好處在於可以把會議區分成大會與工作會議，讓大會更趨議決與報告，討論的收斂則可在工作會議中進行；與此同時，部分議題若與組別主旨無甚關聯，雖仍可於大會之動議或是擇定一個切入點仍放在小組提出，卻需要委員更主動積極與相關單位互相討論內容。行政院青諮會在提案方面不採分組，而是

以「提案人加上連署人需達三位」之標準，並於大會前舉辦會前會，邀集委員與相關部會先行討論，互相對齊資訊。這樣的模式可以讓議題相對彈性，但缺點在於缺乏例行性工作會議，實際運作上容易造成提案集中在大會前產生，也挑戰委員是否能夠自行採取更彈性的措施，找到關注的面向與部會進行協作。也因此，在第二屆，行政院青諮會新增部會拜訪與巡迴座談的機制，分別是「以單位為本」及「以議題為主軸」的模式，前者是到相關部會進行拜訪與交流，提出問題或建議；後者則是移地座談，以主辦委員挑選的議題為主，邀集民間夥伴及部會代表共同理解並討論問題。

青年諮詢組織的運作模式與甄選模式固然是重要的，但在此之外，另一個更須釐清的是：為什麼是青年？為什麼要有青年諮詢組織？誠然，此類組織之模式，為體制內、非選舉的方式之一，然而仍須叩問為什麼政策需要有青年這群人的視角？

青年是國家的過去、現在與未來，過往的政策讓他們帶著現象前來，而現在的時間點決定了國家未來的樣貌，也就是說，青年視角映照的是國家對於國家發展計畫與人力發展政策的思慮狀態以及承先啟後的關鍵階段。另一方面，我們可以看見的是在臺灣「青年」是沒有受到法律保障的年齡層——兒童與青少年

有《兒童及少年福利與權益保障法》保障權益並建立發展權及參與權機制，高齡者有《老人福利法》提供保障，中高齡者亦有《中高齡者及高齡者就業促進法》進行就業促進，唯獨青年並無相關法律層級之法規給予發展、參與等權利之保障與規劃。然而青年之積極公民參與，並不只對於青年發展有意義，之於公民社會，也是檢視現在與未來的重要視角。

當然，除了其目的與運作模式外，實際帶來的「內容」也是重要的。而這個「內容」的建立有兩項重點，第一，是否真實回應使用者體驗；第二則是協作模式。很有趣的事情是，公務體系在政策、公共服務上其實同時扮演著制定者、執行者與使用者的角色，然而其「使用者」的角色常常被忽略，公務員下班後也是會利用到公共服務的人，另一方面在執行的過程中，他們也是相對於一般民眾的利害關係人。然而在過往政策制定的邏輯之中，甚少有多元利害關係的角度結構性地入場，這也是部分服務在一般民眾眼中使用者體驗不佳的原因。無論是公民參與或是賦權（empowerment），其概念上不同於以往的就是「夥伴關係」，然而當青年諮詢組織與公務體系協作時，不同的利害關係與使用角度如何互相對齊、信任與合作完成一些改變，這就是其困難但又必須直面之所在。

專業與專業缺憾

"It never will rain roses. When we want to have more roses we must plant trees."

（玫瑰絕不會從天上掉下，若想要更多玫瑰，就要自己種）

～喬治・艾略特（瑪麗・安・艾凡斯）

私以為，每個人進入公共參與的原因都有所不同，但或都帶著自己的疑問或期待而往。之於我而言，身為一個公衛人，我深知賦權的重要——能否讓民眾參與，是公共衛生計畫的重要因素之一，而要讓民眾能夠參與進來，單純的提供知識是不足夠的，因為行為並不只與知識有關，知識、態度與行為是交互影響的[2]；賦權則是透過喚起社區意識與教育個體，促成自覺以產生社會行動[3]，從而解決社區問題，而不只是「上對下」的管教模式。賦權與公民參與，回應的是人民自由度的試探。所謂關乎自由的試探主要

---

[2] Badran, I. G. (1995). Knowledge, attitude and practice the three pillars of excellence and wisdom: a place in the medical profession.
Eastern Mediterranean Health Journal, 1(1), 8-16.

[3] 吳佳玲, 林金定, 林碧珠等人. (2018). 社區整合長期照護與人才培育. 五南圖書出版股份有限公司. 66-67.

有二，第一是積極自由的條件與滿足；第二是個體自由與共同體利益的拿捏。這是公共政策勢必會面對也需要處理的事情。在我們這個世代，相較而言，具自外部解放之消極自由，在免於強制和干涉之外，我們可以更進一步地去探討「去做什麼」的自由，而其中心正是結構與能動性[4]——這兩者皆「安靜」卻至關重要。社會的能動性能透過公民參與增強積極自由，然而公民參與是多元的，青年諮詢組織不是唯一解答，開放政府也是政府與公民建立新型互動模式的重要概念，但青年諮詢組織卻是這幾年滾動了一段時間而須重新被檢視與思考的一種模式。

臺灣的公務系統是透過考試體系的事務官加上帶著技術專業或政治專業之政務官所建立，那為什麼這麼專業的一群人所提出的政策仍讓人體驗不佳？我認為除了實務的場域經驗不同外，專業缺憾也是原因。當我們長期處於一種專業時，時常會因此被這個專業的規範與觀念、架構所限制，因此若沒有經過對話，或是秉持專業的傲慢而拒絕接受對話的意見，就容易忽略不同的想法和意見。這個也可以跟薩伊德提到的

---

4 Taylor, C. What's Wrong with Negative Liberty, 1985. Law and Morality. 3rd ed. Ed. David Dyzenhaus, Sophia Reibetanz Moreau and Arthur Ripstein. Toronto: U of Toronto P, 2008. 359–368. Print.

「業餘性」（amateurism）做互相的對應，薩伊德認為，一個知識分子應該保持自己的業餘性，不被利益以及自己的專業規範所侷限，而以更原則性、更寬廣、更具有對話的方式面對[5]。回到「更寬廣」與「更具對話」的原則這點來看，這在現今面對公共議題著實是必須的。在各個專業之間，我們仍需要通才型的人擔當串起不同專業的工作，既是轉譯者，同時也是補上各個領域間空缺部分的建造者。現在諸多委員會的模式，其實在面對公共議題，就是採用這樣的邏輯，有針對議題相對專業的人，但也有其他人一起來從不同方面檢視，畢竟一個政策推展時，影響原本就是方方面面的，而不同的視角則有助於雕琢政策，從整體性的觀點來檢視，有時在盤點政策後就會發現政策間有邏輯矛盾之所在，從而發現國家缺乏此議題之通盤策略與藍圖。

現實是，多數公共議題並非單純的是非對錯所能解釋，選擇任一方向，都不可能完美，也都勢必付出代價，艱難的是在此時空下，如何回應共同體的價值選擇？這看似是相當簡單的題目，但仍會面對不同情境下的試探與挑戰。倘若這種價值是青年世代所認為的「進步價值」，是勢必達成的，那麼又要怎麼進行

5　Said, E. W. (1994). Representations of the intellectual:the 1993 Reith lectures. Vintage.

社會溝通？又或者人們到底怎麼定義「進步價值」？這些其實都是在價值選擇時，所需要思索與面對的。現行教育部青年發展署的「Let's Talk」活動採用審議民主的模式，讓專案合作單位與青年自組團隊就公共議題進行審議討論，這是面對共同體價值溝通與選擇上的一種展現，但如何持續深化溝通，並且提高政策轉化以達到政府——公民協作的效果，在實務上，從價值到具象的政策甚至執行方式，中間還有很多步要走，不同專業間需要合作的原因遂現。如同蓋一棟房子，在有了地基後，仍需要逐步建造，才能真正完成，甚至之後還有室內的初步裝潢需要處理才會完整，有了價值選擇的方向後，如何去逐步聚焦從而具體落在一個點上，是需要理論與實務的雙重支持，而在這些跨域溝通當中，協助轉譯並聚焦，原本就是困難的工作——這可以透過良好運作的委員會模式來嘗試，也可透過邀集部分轉譯與中介型人才來協助不同利害關係人與專業間的發散與聚焦。當然，在實務運作上並不容易。其中除了協作模式仍須嘗試外，公共政策的難以試誤與政策合法性都是民間夥伴與公務系統建立夥伴關係時需要面對的問題。

青年？代表了誰？

"Du stehst allein. Und dein Leben brennt. "
（你獨站在那，然後你的生活在燃燒）
～〈Wir haben's gesehen〉
（我們看到了那些）

　　青年諮詢組織的青年委員們，到底可以代表誰？很現實的是在甄選模式與參與形式上，就已經侷限了積極參與的成員樣態。在此類青年諮詢組織中，多見青創家、學生、自由工作者，一部分也是因為比起一般上班族，這些組成在平日白天的時間上相較彈性，更能實質參與會議（但即便看似擁有彈性調整的空間，實務上大家的本職工作也很忙碌，能不能真的撥出時間來公共參與也是挑戰），另外位於大臺北地區的人，在參與會議的成本上也往往較低——儘管會議多會提供交通費，但在交通上較多的時間成本仍是難以彌補。倘若只是參與大會或是如臺北市青委會一樣一個月一次的工作會議，可能還能請假，但若更深度參與，有其他部會、局處邀請至政策形塑的討論會，則須面對請假天數的問題，對於部分初出社會的青年而言，可能就形成參與門檻。

最艱難的莫過於，我們如何知道有哪些事情，是真的「重要」、要去做的呢？又如何能夠確信，我們對於議題的理解並非基於浪漫的想像，從而在無意間造成服務污染？誠然，政府資源有限，但在此之外一個更重要的問題是，政府與個體之間互動的自由界線到底在哪裡？哪些事情我們允許政府插手？哪些事情我們期待的是政府給予良好的滋養環境？又有哪些事情我們希望政府不要碰？綜觀各地青年諮詢組織或是各政府之「青年政策」，難免圍繞教育與勞動議題，其中勞動議題又以創業為主軸，然而這就是青年政策的全部面向嗎？青年諮詢組織得以透過與行政體系協作的模式，處理「青年政策」，然而什麼是青年政策？青年政策的「範圍」為何？我們又需不需要有這樣的「範圍」？每一個關注公共議題的人，都有了解較深、較關注的面向，然而當我們站在有限度的國家行政資源面前，如何知道什麼是重要的，如何從宏觀的角度去做處理次序的排序或資源的整合，達成多元利害關係人共同尚可接納的成果？同一議題，在社會上可能也有多個倡議組織有著不盡相同的看法，要如何引入多元觀點並進行溝通收束，從而具體形塑提案或政策微調建議？

　　在一個領域有影響力或是有耕耘，是否可以與具備將實務經驗與社群影響力收斂、轉譯與轉化的能力

劃上等號，是一個需要檢視的問題，也是青年諮詢組織及其成員在初期很有可能需要磨合與練習的部分。委員的擇選往往是「典範式」，企圖由這些人來代表給予解答、協助溝通與複製成功範例。「典範」誠然是能夠代表一個共同體的整體性信念與價值，然而若參考孔恩科學革命的相關論述，就能夠了解，典範原本就不可能解決一切問題，而是提供新的問題給新世代的人，讓這些人使用典範來解決問題，並在過程中精煉典範[6]。另一方面，是否真的能體現共同的思維，代表某個社群面對問題所遵循的價值觀，也是非常嚴苛且難以符合的大前提。

青年諮詢組織的成員多數並非透過選舉的制度，因此在代表性上常受挑戰，能積極參與的族群顯然與多數人的狀態也有別，那麼為什麼這些人可以來代表青年談青年政策？另一方面，在社會與公務體系信任度未明的情況下，經過政府遴選的青年代表，其權力均由行政單位授權，又無法律等級法規給予規範，如何站在既是夥伴，意見可能又有出入的角色，與政府完成協作，並把社會的能量與聲音帶入行政體系？最常見的模式是以類於專家學者的角色給予諮詢。在第二屆行政院青諮會中，則加入巡迴座談的模式，讓青諮成為平臺，串接院外資源與院內體系。儘管有逐字

---

[6] Kuhn. (1962). The Structure of Scientific Revolutions.

稿，在後續的管考與追蹤上，仍未必能夠落實與達成完整協作，除非青諮確實透過正式提案的機制，讓案件進入會前會協作。縱然提案、協作的順暢程度與意願仍依單位有別，有些單位的協作意願較高，願意事前溝通與另開會議討論，有些單位則是到了正式會議上才會進行回覆，青諮們願意花多少用功與心力陪伴這個議題，更是重要。與此同時，協作狀態的異質性，也會導致組織整體在議題推動上的不均，能否確實找到一個合適的切入點，也是青諮參與議題時需要思索與面對的。

公共議題的開端相較易見，它會以不同的樣態在各個角落存在，然而其背後的結構是否能被層層化解，或是退而求其次，給予一個改變的發展空間，正是政策實務上困難的地方，從想像到落實，中間的每一個階段都需要建築起來，才不會空有地基，也不會根基不足。然而並非每個青年諮詢組織中的成員都具有行政歷練，是否能將在場域或在學術上看見的事情上，補上從價值到落實的步驟，從而以此與行政體系協作，就成了一大挑戰，而制度層面上能否讓這樣的「可能」發生，也是另一個需要檢視的面向。

公民參與再進化

"Doch ich bleibe hier bis es passiert."
（但我仍在這裡等著，直到它成真）
～〈Tage aus Licht〉（有光的日子）

　　儘管我個人也有青年諮詢組織的經歷，過程中也看見青年公共參與模式的調整與模式之多元，但仍認為更多元的結構式對話以及青諮模式調整是必須的。公民參與需要從象徵性參與更加走向完全參與，從政府要求公民有限度投入或提供有意義的投入，到真正權力分享式的參與，由民眾和政府共同解決問題[7][8]。我並非大政府的信徒，因此我認為當政府能將一部分權力與公民共享，以更民主、自由的模式建造共同體與回應共同體的需求，才能讓社會真正擁有彈性應對與回應的能力，共造符合使用者體驗的服務模式，讓社會俱備韌性。而在面對轉換的過程中，需要面對與處理的，包含協作模式的建立、權力授權的釐清與青年賦權。

---

[7]　Arnstein, Sherry R. (1977). A Ladder of Citizen Participation in the Politics of Technology.

[8]　Arnstein, Sherry R. (1969). A Ladder of Citizen Participation. Journal of the American Institute of Planner. Vol.4, p.216-224.

對於青年的賦權，包含了對於青年發展權的保障以及回應現狀的結構性問題，使能（enable）青年發展以及積極成為公民社會一分子的技能以及給予相關的機會。在權力授權上，須有法律位階，訂定關乎青年發展權以及青年參與權的相關保障規範。有了政策合法性，務實層面上最重要的就是協作模式的建立。現階段，青年諮詢組織應做好並加強平臺與轉譯的角色。以我現在經歷過的行政院青年諮詢委員會青諮巡迴座談為例，除了與會青年與政府代表的問答回應外，青諮可從中轉譯雙方在資訊與期待上的落差，讓問答過程不致給與會夥伴有虛應故事之感，從而降低青年參與之效能感，同時也能引導回饋政策從制定到落實的過程中在哪個環節上出了問題，並持續針對現場討論之修正方向進行追蹤管考。

　　另一方面，現有之「Let's Talk」活動模式不應侷限於教育部青年署，常面對價值選擇、立場衝突、具多元利害關係的部會如衛福部、環保署等，也應從消極配合轉向積極參與，不只是以「Let's Talk」之名辦理傳統論壇或焦點座談活動，而是打破過往諮詢模式，增加與民眾互動與取得價值共識的空間，同時也是為政策製造更多以人為本的溝通機會，透過結構式對話，剪裁歧見，找到平衡之處，實際上過往在二代健保、代理孕母、稅制改革等議題上也有舉辦過公民

會議，提升公民政策參與。因此我個人期待提升青諮巡迴座談與「Let's Talk」活動的品質與頻率，從而建立不同的「下而上」與「平等互惠」協作模式。除中央外，各地之青諮組織，也應從防守型的諮詢顧問角色轉為更具主動位置的角色，當然，這不必然是以採取與其他組織一致的方式，但各組織也需要找到屬於組織的論述與運作策略，但一樣的是去建構世代願景與論述，實施共創模式，這也是為何在前文中提倡要有相關法律的原因，如此方可確立青年諮詢組織的組織功能與設立之必須。

在《自由的窄廊》一書中，作者認為：「如果社會能把一整套（合理的）權利變得更普遍，在推動組織、對抗國家權力的擴張上，就會占有比較有利的地位。」而這正是捍衛自由窄廊的方式，其與公民組織與社會的力量，以及公民社會對基本權利的認識息息相關[9]。

公民與公務系統結成夥伴關係，甚至共同治理，可謂道阻且長，然則在邁向這個目標的路上，我們猶有許多里程碑可以共同努力達成。不僅是盼望有光的日子，而是在看見熹微光線之際，努力讓光持續，而

---

9 Acemoglu, Daron., Robinson, James A. 劉道捷 譯.（2020）自由的窄廊：國家與社會如何決定自由的命運。衛城出版。p620-623。

後愈發明亮、遠大。胸懷大夢便不畏翅膀灼傷，在這條路上，我們卻非踽踽獨行，有許多臺灣青年仍共同為了青年發展與參與努力著，勇往直前，但願亦不回頭，歸來猶存赤誠。

|作者介紹|曾廣芝

一名公衛人，透過踏訪、政策參與、研究與非營利組織關注並參與青年發展、公共參與及社區健康。

經歷
2018-2020 年　行政院青年諮詢委員會委員
2018-2020 年　臺北市青年事務委員會委員

青年與教育擦出的另一種火花：我在國教署青少諮會的觀察與紀錄

陳建穎

時序進入立秋，撰寫本文當下，正好是暑假約略過去一半，新學年伊始之際，教育的改變，並未隨著暑假的到來有所停頓，各式各樣的措施及變革依序上路；同時，第二屆國教署青少年諮詢會的任期，也在稍早的四月展開。

多數人對於青少年與教育兩者間的想像，源自於包含自身在內的每個人，大多都曾作為教育主體而進入教育體制內，作出各種（有時並沒有選擇空間的）選擇，試圖拼湊出對於人生的樣貌。在現況之下，受教育者或多或少都無法逃開體制對於自身的支配，遑論影響及改變體制。

然而，青少年進入教育行政機關，參與政策及執

行，這些看來遙不可及的願景，卻也真實地發生在教育部國教署青少年諮詢會當中。其中光景如何？所謂「參與」究竟僅止於程序之上，抑或的確被實踐在政策之中？本文嘗試以作者親身參與第一屆國教署青少年諮詢會的經歷為經，各式國民教育議題和政策為緯，描摹出國教署青少諮會的型態、這群青少年如何與教育行政機關互動，以及對於未來的展望。

緣起——教育部國教署青少年諮詢會的誕生

青少年以及學生參與教育公共事務，並非臺灣新興的議題。早自日治時期起即有學生運動的紀錄，戰後雖處於白色恐怖時期，仍可見各處學生的星星之火，爾後當臺灣社會邁向民主化之際，學生運動亦與社會發展密不可分。近幾年來，最受社會矚目的國民教育爭議，則莫過於 2015 年的反黑箱課綱運動。

基於前開脈絡及重視學生權益與參與的趨勢，自 2016 年以降，涵蓋《高級中等教育法》首次修正在內，各項高中以下學生參與的政策逐漸萌芽成長。與學生自主權益相關者，包括不得以服裝儀容而懲處學生、教育部所轄高中在校作息時間中，每周應至少有兩日早自習供學生自主運用等。然而這些措施，以及

過往教學正常化下的各種要求（如課業輔導不得講授正課進度和強制參加等），皆面臨到教學現場的實施狀況與規範原意出現重大落差的情形。除此之外，中央教育行政機關也開始思考，如何直接聽見教育現場的學生聲音，方得使政策的擬定和執行能夠更貼合學生需求及意見。

在這樣的背景之下，身為教育部下轄掌理國民及學前教育機關的國教署，於 2017 年末開始辦理全國各分區高中學生座談，作為第一屆「高中學生代表與署長有約」（下稱署長有約）活動的前導。活動將全國分為 13 區，分別辦理學生自治與學生權利相關的講座，並同時選出各分區的高中學生代表。於後續署長有約活動當中，學生代表們共同討論並形成提案，再交由機關內部研議後回應，最後由署長親自率領機關各層級人員，與學生同場對話，針對提案及回應內容交流。

在提案與討論的過程中，學生代表們意識到，一個常態運作並以學生為主體的表意和參與管道是必要的。署長有約雖為機關與各高中學生直接交流的管道之一，但一年一度的辦理方式、來自各地的學生代表為數眾多等因素，恐導致其不足以既穩定又全面地確保各項議題的進步。

因此，學生代表其中之一的提案，即是希望國教

署設立由 24 歲以下青年組成、兼顧各教育階段，並以學生為主體的青少年諮詢委員會。此項提案亦獲得國教署明確的同意，國教署於 2019 年初訂定設置要點，設立「教育部國民及學前教育署青少年諮詢會」（下稱青少諮會），將其定位為常設的青少年諮詢組織。並以 12 至 24 歲間青少年為參與遴選的要件。國教署隨即進行第一屆青少諮會青少年代表的委員遴選，最終遴選出 13 名青少年代表委員（下稱委員或青少諮會委員），於同年四月就任，展開為期一年的任期。

青少諮會運作總論——組織輪廓以及各種不同的參與形式

　　青少諮會的會議，依其性質可初步分為以青少諮會委員為主體，主要作為委員提案平臺的大會（分為定期會及臨時會，另有會前會），與因應大會交辦或其他因素而召開，邀請一部或全部委員參與共同討論的會議兩者。除了會議以外，尚有各式活動以委員為對象，或邀請委員一同參與協辦等不同活動的參與。以下將逐項進行說明。

（一）青少諮會大會

大會在運作上可分為每四個月一次的定期會，以及視情形增開的臨時會，第一屆青少諮會因屬草創初期，許多原則性的事務皆待討論定案，故於第一次定期會議時即決定增開一次大會，在十二個月的任期中總計召開了四次大會。另外為了使大會進行順利並釐清提案，同次會中亦決議自第二次定期會議起，於每次定期會議前先行召開會前會，對委員提案初步分流，排定大會議程。

如同前面所述，大會以委員提案為核心，於經歷一屆餘的運作後，提案的流程皆大致依循：委員其中一人或數人聯名提案，相關業務單位於提案遞交後一定期限內進行書面回復，並同時將提案列入當次會前會議程，於會前會上進行初步討論後，作出列入大會議程與否的決定。

倘列入大會，視其性質將其列為討論案或報告案（稱討論案者，謂以提案本體付大會，請相關業務單位於大會進行說明，並經討論後作出決定；稱報告案者，謂相關業務單位就提案所提及之議題，擬具報告於大會報告後，由所有委員交流後作出結論），若提案涉及議題繁雜，為避免佔用大會過多時間，有時會先另以專案會議，邀請委員及各單位或團體共同出席

討論；至於不列入大會之提案，則可能是認為提案內容單純或認不需大會討論，可逕交相關業務單位辦理並回復委員。

大會原則上由國教署署長親自主持（第一屆四次大會皆是如此）。提案列入大會後，於大會開會時會邀請相關業務單位進行說明及討論，若議題所涉範疇，非全為國教署所直接管轄者，會視情況邀集其他機關或單位（如教育部轄下各單位或其他部會）相關業務承辦人列席大會交流。提案經過大會充分討論後，由包含機關與青少年在內的所有委員，整理討論的內容，凝聚對此議題的共識，作出決議。

決議形成並不代表提案生命週期終結，所有列入大會的提案，於作出決議後皆會列管追蹤，並每季於大會的報告事項檢視，確保所有提案皆得以持續落實，直至提案內容完全落實或無繼續追蹤必要時，方解除列管。

（二）其他特定議題會議

除大會以外，青少諮會委員們也會參與其他討論特定議題的會議。此類會議根據型態，又可分為因委員提案或關注而舉辦的說明會或會議，與委員作為其中一方意見（通常代表學生觀點）出席會議與各方代

表（如教師及家長）共同討論兩者。前者多以委員為主體，後者則有各方意見，以促進討論為主。

以第一屆為例，曾有委員提案關注學習歷程檔案相關缺失，會前會中亦發覺許多委員對其他考招改革議題甚為關心，因此國教署在該次會前會與定期會間，先行召開座談會，邀集了教育部技職司、高教司、大學入學考試及招生單位，以及高中現場的校長及主任等人，向委員們說明包含學習歷程檔案在內的各項大學考招政策。

另外一例是日前受到矚目的校外人士入校協助教學（國中小志工入班協助教學）的爭議，該案在公共政策網路參與平臺成案後，由國教署擔任主責機關，負責相關規範的研議。草案經過討論後，也邀請委員以學生的觀點，共同參與研商會議，檢視相關草案還有哪些地方需要修改而未留意，並且從學生的視角出發，使政策與法規在制定過程中，能夠更全面的顧及學生權益。

又如近年來於各種學生參與場合中，屢次被提及的高中校務會議學生代表比例下限議題。此議題於署長有約即曾被提出，青少諮會中也曾出現由作者撰寫的相關提案。後續國教署研議相關法律及行政規則的過程中，分別舉辦邀請學生代表與學者表達意見，和校長及學生代表共同出席研商等不同會議，委員並於

其中充任學生代表，提供以學生為出發點的看法。

　　雖然這些特定議題及專案的研商會議，相較青少諮會固定舉行的大會，顯得較為繁雜，且具高度技術成分或議題取向，但其重要程度並不亞於青少諮會本身的會議。誠然，會議的主體並不一定是青少年，會議的結論也不一定全然符合委員的期待，然而，這些會議其實就是機關日常運行與政策決定的一部分，委員該如何實質參與其中，並使意見獲得充足的考量，將會是青少諮會與國教署雙方，未來所共同面對到的重要課題之一。

　　於此必須補充說明的是，以上所舉的會議案例，為避免敘寫失真，僅自作者親身參與的會議中挑出數例，其他委員亦有參與更多不同領域及形式的會議，惟並未於此舉出。

（三）會議桌之外：以青少諮會參與署長有約活動的
##　　　　籌辦為例

　　在上述眾多會議以外，國教署也嘗試邀請委員參與不同的活動，期待以委員的觀點，協助活動的辦理。第一屆青少諮會所完整參與的活動，當以第二屆署長有約活動為適例，是以，本節將從青少諮會參與第二屆署長有約，包含籌辦、協助國教署研擬回應，

及親身參與活動和學生互動等過程中，描繪出和會議桌上不同的參與形式。

本文一開始提及，青少諮會的誕生，可視為第一屆署長有約提案的成果之一。不過署長有約並沒有因為青少諮會的設立而遭取代，兩者的取向仍有相異之處，署長有約每年皆有來自各地高中的在學學生參與並提案，更加豐富及多元的組成亦有其重要性。

除了青少諮會本身脈絡與署長有約緊密關聯外，青少諮會固有的任務也包含促進青少年公共參與在內。是故第二屆署長有約於籌備過程中，即邀請委員共同參與時程等事項的擬定，以及徵求有意願者擔任後續活動的桌長，國教署並針對桌長規畫培力課程，使桌長得以認識審議民主且習得相關技能。

桌長可謂扮演當屆署長有約的關鍵角色，一開始分組帶領各區學生代表共同討論初步提案，整理記錄發言，並在不同學生輪流參與的數次討論當中，逐漸引導歸納，產出正式提案。後續國教署在擬定對於學生代表提案的回應時，也多次邀集桌長們一同檢視回應內容，以較貼近學生代表的角度，修正許多未能完全回應提案訴求之處。最後正式的署長有約活動時，桌長們則是和學生代表一同參與，適時加入討論，促進國教署與學生代表間的溝通順暢。

對於青少諮會的委員而言，參與署長有約的辦

理，不僅是以自身更加瞭解行政機關運作思維，但相較官員卻也更貼近學生想法的雙重特點作為橋梁，協助署內與學生交流。藉著共同引導學生代表討論，以及一同分析國教署回應等合作過程中，委員之間得以相互協助，進一步瞭解彼此，同時也促使往後青少諮會的運作更為緊密。這樣的成果，雖然並不容易被注意到，卻深具其意義與價值。

側寫青少諮會——從委員各自關注議題切入

本文前面大半部分，皆是直接介紹青少諮會的運作樣態，然而在此想運用一部分的篇幅，以委員各自關心的不同議題為切入點，探討青少諮會運作的另一層面，以及議題又是如何在此被推動與實現。於此必須特別強調：每一議題各有其脈絡且涵蓋廣泛，作者自身學識淺薄，即使稍有關注，仍無法對其進行詳細的說明與分析，故僅嘗試簡單描述各項議題及其面臨的部分問題，望能諒解。

青少諮會的組成，雖以高中學生為主體，且在設置要點中規範高中學生需達二分之一，但自所有委員的組成觀之，除涵蓋國中至大學不同教育階段外，也有具特殊教育、離島、實驗教育及新住民等不同特質

的學生加入，在委員的遴選上，尚堪稱有注意到組成多樣性。不過往後應如何維持這種多樣性，甚至進一步的豐富青少諮會的組成，還有賴留心與重視。

也是因為各具不同特質、成長經驗和教育經歷，不同委員關注的議題或有差異，委員們以各自的生命經歷或所觀察到的現象為基礎，發掘制度和實務的問題，化為提案或在相關場合提出，共同找尋改善及解決之道。

以作者自身掛心的特殊教育議題而言，目前所遭遇到的結構性困境眾多，例如特教鑑定於判定學生是否有特殊教育需求時，往往僅考量到損傷直接的影響，而忽略損傷和環境交織，將形成社會功能的障礙。又如特殊教育和普通教育之間，仍停留在整合階段，尚未建立完善的制度及提供充足的資源，難謂真正的融合教育。然而以上所提及的問題，恐怕需等待觀念與制度的徹底改變，非國教署所能主導，亦非一蹴可及之事。不過即使無法立即完成結構性的改革，嘗試從現行制度下能夠先行修改補強之處開始，諸如檢視現行特教法規未隨相關法令修正，仍排除特殊教育學生參與的部分、特教教師授課時數與負擔過重，以及障礙學生升學大學制度不合理之處等各項議題，試圖推動些許改善，同時謀求更長遠及具全面性的制度改革，亦不失為現狀下的選擇之一。

另一個經常於青少諮會被提及的議題是實驗教育，實驗教育目前面臨的其中一個問題，是部分法規（如《性別平等教育法》）於立法之初漏未考量實驗教育也是一種教育型態，致使法規的保護未能全部及於實驗教育的學生，即使採法律擴張解釋，仍有其不足之處。此類問題往往也非國教署能夠單獨解決，只能先就行政機關能直接採行的手段處理，並且嘗試加速修法工作的進行。

特定的委員可能因為其所關注的議題，與國教署有頻繁的交流，在各項會議間推動議題的進行。但若無特別關注的議題，是否就不適合進入青少諮會這樣的場域？本文以為答案是否定的，特定議題取向固然得以成為明確的目標及方向，但並非每個人都有像特殊教育這樣的標籤，每個人的生命經驗也並不一定能直接和特定議題領域連結。可能只是對身邊的學校生活有一些想法，也許希望中小學校長能夠直接納入學生的聲音，也許希望擴大新制學測試辦考試涵蓋對象，也許希望校園周邊增設無菸人行道，縱然非如前述的特殊教育或實驗教育，屬於專門領域的議題，但只要具備對各種議題全面且結構性觀察能力，不單從片面角度出發，也不只停留在理念式的呼喊，並且實踐對所有人的關懷，這樣的動機便已足夠。

運作建議與未來展望

本文前面的章節，多是以客觀的描寫介紹青少諮會，然而在歷經一年有餘的運作後，不免仍發覺部分需要改善之處。因此，本章將以作者個人在青少諮會任期中的相關經驗，就青少諮會現狀與未來運作提出建議，以下分項說明。

（一）將青少諮會的參與內化為法規及政策形成過程的一部分

雖然國教署的確在各種會議當中，多次邀請青少諮會委員出席，希望能夠落實學生及青少年的表意權。不過仍曾發生政策法規研擬時，直至最後接近拍板定案的時點，才想到要邀請學生及青少諮會委員參與。參與發生在越接近時間軸末端之處，草案往往越具體，也越沒有進行更動的可能。良好的參與應該從起草討論時即開始，讓委員也能對主要方向及辦法表達意見，並有充足的討論空間，而非僅參與最後微枝末節的事項決定。

但此處並非怪罪國教署全然未落實青少諮會的表意，可以理解的是，行政機關可能還不太習慣怎樣在過程中實踐這些參與，或是以為只要有在過程中邀請

委員就是落實表意權。因此，最重要的是將這些參與，內化為行政機關施政過程中的一部分，無論是法規、政策乃至其他事務的擬定皆是如此，讓參與能夠「從頭」發生。

（二）增強委員知情權及表意權的實現

本項曾作為第一屆青少諮會的提案，由包含作者在內的委員們共同提出，提案的主旨大略為：希望國教署對於各種與青少年或學生相關的會議及資訊，都能傳達給所有的委員。此乃知情權的實現，知情權為一切的源頭，倘無知情權，則無後續的參與表意可言，故獲得各種資訊是基礎且關鍵的權利之一。另外，表意權除了前項提到的參與權利外，也想強調委員的意見應該受到實質考量，表意權並不只是停留在程序上發聲的權利，意見表達後如何被確實考量是更為重要的。

（三）更深入的參與和更廣泛的面向

關於參與深度，國教署似可給予青少諮會更大的揮灑空間。青少諮會能夠做到的不僅止於協助，在特定的面向上（如未來署長有約的籌畫工作），若能以

青少諮會作為籌備的主體，將有助於不同思維的展現，亦能促進青少諮會能力及合作的培養；至於廣泛的部分，則是指青少諮會能參與的，不只是和學生或青少年相關的議題，即使是非直接相關者（如受眾為教師、學校行政人員、校長或家長的活動），青少諮會的參與或從旁觀察，仍有助於委員往後能以更全面的角度思考及看待事物。

　　第一屆國教署青少諮會，作為首個出現在國教署內的青少年諮詢組織，無法避免的有許多需要嘗試及磨合之處，也許國教署對於青少諮會的存在和參與，起初還不是那麼的習慣與熟悉，但經過一年多來的大小互動，也看到與青少諮會相關的事務皆逐漸步上軌道，希望並相信未來的青少諮會能持續與國教署保持常態且實質的交流，對內也能繼續維持委員之間密切的合作關係。

結語

　　行文至此，於替本文作結之前，請容許作者借用一點篇幅致謝。

　　非常感謝第一屆國教署青少諮會的其他十二名青少年代表委員，雖然因為不確定大家的意願，未能於

此逐一列名，然而是大家讓我看到，什麼是以深刻且溫柔的關懷面對每個議題，什麼是對一個議題持續不斷的追尋，什麼又是純粹但堅定地指證不合理的事物，並試圖一同找尋找解決方法。

同時也要感謝國教署所有的人員，以及青少諮會運作過程中每個參與及給予協助的人。一群青少年出現在行政機關，甚至一定程度的參與了機關運作，原先或許難以習慣，可多次的接觸下來也發展出堪稱良好的互動關係，雖然在議題或事件上偶有針鋒相對，不過卻也能透過討論尋求更好的結果。

我是個時常不夠成熟的人，萬分感謝所有人在這條參與路上的提攜。本文的取材多來自於第一屆國教署青少諮會的參與經驗，因為大家才會有本文的產出。謝謝大家讓我知道，原來青少年參與教育，也能夠長這樣！

最後，從這些參與經驗中，或多或少能夠認識更多行政機關的面貌，知道公部門的考量和無能為力，雖然這些並不一定全部正確和理所當然，有時還是會發生衝突，有時還是會需要折衝，但也許我們所追尋是相同的吧！就是國教署大廳牆上所掛著的那句話：

「成就每一個孩子！」

期待藉由本文，使大眾得以認識國教署青少諮會。僅以綿薄之力紀錄下這個時代，青少年參與教育的一隅。

| **作者介紹** | 陳建穎

彰化線西人，因關心學生權利而踏入學生自治，也因身為障礙者而關注特殊教育，醉心於法律並期許能以此揉合議題關懷。

經歷
2019-2021　教育部國民及學前教育署青少年諮詢會委員

「青年委員」在公部門組織內
的愛怨糾葛

賴建宏

何謂青委

大家認為青年委員扮演了什麼角色？

如果是建言，其實首長信箱、市政信箱，都可以起到建言效果。

如果是倡議，透過論壇、大大小小的公民行動，也可以表達訴求。

這是一個沒有代議士的權限，而在政府組織上又不具有實質影響力的角色。想必多數人應該是認為這個位置只是一個酬庸，一個展現政府廣納青年意見假象的位置吧！

不諱言，在目前臺灣的時空環境上，這個事實是

存在的，但是不等於所有身處在這個位置上努力的青諮、青顧、青審等不同類別的青年委員都是被酬庸、頭銜王、滿足私利等才在這個位置上（後面論述會以青年委員代表上述相關的角色）。

　　不過，很多青年委員也正在努力的讓整個政府公共治理的環境變得更好，正如同上面所述，「青年委員」這角色在目前體制內的權限其實非常有限，但不代表他們對於政府、社會的影響力是薄弱的，許多青年委員都透過不同的行動、不同的論述來發揮自身的影響力。

　　每位青年委員，都具有各自的特長與背景，而這些不同領域、時間、層次、世代……等特質堆疊出各個委員的特質與經驗，現行很多組織都有很年輕的青年委員，就像過去臺中市青審會就有很多未滿 18 歲的青少年，而這些委員雖然較無社會經驗，但他們可以從世代的立場為出發，提供政府政策、計畫或是討論不同年齡世代的論述或觀點，讓相關的政策可以更完善，同時也讓政府單位內的人員聽到不同世代與不同現場的聲音；除了年紀較輕的委員外，還有許多有公參經驗、政黨背景、人民團體等不同角度、不同立場的多元意見，進而形塑出許多形形色色的建言與觀點。

　　正因為組成背景多元，也造就了各委員對於公共

事務及政府政策理解與提案討論品質參差不齊的現象，其實這也是一個組織很常見的現象。

對於政府來說，單位內的人員因為公務繁忙及執行委外，導致對於現場的環境及背景不熟悉、也找不到場域內的關鍵人事物……等因素，所以造成單位對於現場實際情況、概念產生落差，很多時候對於政策或是計畫的施行多停留在想像上。因此我們換個角度來看，身處在各行各業各個領域的青年委員是一個很好的管道，從青年委員的口中了解不同地方的特性差異跟計畫執行的落差。

但是，並非所有的政府單位都是如此認知，很多時候政府單位人員都會有著一定程度的本位主義，由特定的視角來解讀與判斷相關的建言，但更多時候卻是以反駁或是告知單位已經執行了很多相關的專案或計畫，從站在制高點來說服青年委員的立場發起論述，而非好好的討論釐清雙方的共識。

但不得不說，某些委員確實沒做好相關的準備，在某些議題與論述會讓相關公部門覺得在浪費他（她）的時間，這個時候公部門可能在趕某些單位的公文、計畫或專案，但是為了塑造政府單位友善青年的形象，總是要有人犧牲來陪這些不懂公部門特性的年輕人。

青年委員與公部門站在不同的立場與思考點，公

部門期待由青年作為政策或計畫的代言人，但不見得想聽青年委員們的意見，而某些青年委員期待透過他的參與而讓整體公共事務運作得更好，雙方由此產生落差，而這也是目前多數青年委員最後變成公部門在宣傳政策、活動與計畫的代言人，而並非希望他們過多參與公共治理的相關狀況。

這些問題除了部分青年委員社會與公共參與經驗較為不足外，再來就是沒有足夠的準備，或是透過青年委員的頭銜去累積自身的聲望達成特定的目的，而當這些「醉翁之意不在酒」的青年委員某些表現與觀感讓政府人員感到無奈與不佳時（包含開會未到、諮詢意見未做足準備……等），也讓單位難以信任所屬的委員們。

對於政府組織的相關人員，他們可能是在現有業務上，被加上青年委員的提案等相關任務，而且很多是因為單位或首長的政見落實，所以很多組織在事前規劃並未有明確的定位，而特定的業務單位也為了體驗政府廣納青年意見的形象，因而推動了相關組織。

而在雙方不同的立場中，因為各自所圖所想不同，在對青年委員觀感中會有未做準備、投入度或參與率不佳等印象；公部門局處單位的觀感中，也有高層交辦特定目的、對委員想像認知落差、特定任務導向，雙邊立場與想像的落差，某個程度也造成政府單

位並未明確重視青年委員的觀點或想法。反而在很多時候公家單位都是以說教的形式來表達青年不理解現況等觀點做為回應，當官員擺出這些姿態的時候，其實就是考驗青年委員的準備與反應。

實際上的青委

這邊先舉一個特別的案例，這案例是發生在臺中市青審會某年度的第二會期，我們先說明一下臺中市青審會的運作制度。如同議會般一屆有兩個會期，區分為不同委員會，因此在會期中，第一天開議跟施政報告，第二天各委員會會議，接著進入為期三天市政總質詢的模式，運作方式偏向市議會運作的縮小版。當時是在後三天質詢的大會上，現場有各局處的代表在聆聽與回應青年委員的議題。

當時正在討論的議題是市府各局處在農村做衛生／農業等相關宣導座談活動，是否可以集中在同一天同一場活動內辦理？此議題背景是因為臺中市的農村內目前以老人家較多且作息相對穩定，因此很多時候會請里長幫忙動員民眾來參加市府辦理的活動，但是每一場宣導與座談時間並不會太長，因此才提出意見表示說：「既然都是市府的宣導，為何不能都辦在同

一場？」

　　接著各局就各自針對自身的業務開始回應，回應後當時的青年委員接著提問：「所以並沒有特別分類，但每個地區老人特性不同，都市老人可能需要的是去上課或活動的機構，農村老人需要的特性不同，有服務要提供給他們，要趁農人休息時間才能服務到，有一次我在農田附近看到一臺車，讓老人上去唱歌，衛生局有提供類似文康車、活動車等服務嗎？

　　這就是我所說的農村特性與都市特性不同、獲得的資源也不平等，市府應先了解農村老人聚集時間、為什麼聚集、什麼事情可以促使他們聚集，如農業局辦宣導活動時或發放物品時農民會聚集，我認為局處間應協調配合農業局辦理的活動，活動才會有意義。」

　　接著社會局的代表就直接回：「不可能，因為承辦廠商不同，還有績效指標認定不同，不能夠將相關會議納到同一天辦理。」

　　其實當時在進入這項農村政策佈達議題之前，副市長有指示：「請各局處代表要放下本位主義，好的議題我們吸收，中間有認知落差的我們來商量，如果是市府做完的，那就要好好的解釋，不要在開頭就拒絕或反駁委員提的建言。」

　　回到當時，委員接著回應：「這就出現了協調的

問題，就是連協調都沒有就直接說不可能的例子。因為我們的對口並非農業局，但我現在說的就是你們明明就知道這些鄉下老人資源與能給的真的時間是不一樣，怎會直接說沒辦法？

承辦廠商大部分是跟社區發展協會接洽，我相信社區發展協會會提出希望在什麼時間點內，但就我所知，這時間點不在大家的工作時間內，甚至已經超過下班時間，這就會變成一個問題。農村的作息生態是白天農作晚上才休息，因此很多活動會在晚上辦，如果像剛才提到的老人長照健康照護、托老等很多社區協會都在做，這也包含社會局有涉入、農村的部分農業局有涉入，為何一週要拆成週一、週三、週五共三天來辦？其實可以一天就解決，以健檢來說，通常是白天或下午的半天時間，晚上就可以辦團康，可以合併在一起處理完成的。

這樣效益也會更好，也能達到目標及需求效果，這是相輔相成，農業局幫你們聚集這些目標老人過來，你們不趁目標老人參與的時候做這件事，等要做時又說老人農忙沒時間參加。」

此時，局處才開始辯解說「這一段回去會好好跟廠商討論，針對委員提的建議會再跟其他局處商量⋯⋯」等，接著就開始提不同社區的狀況差異，還有各個計劃認列的 KPI 指標差異。

當時委員是這樣再往下追問的：「我們理解社區一定會聯繫，但其實有幾個處室會作配合，常常都是各自聯繫時間表出來，各自完成 KPI，但未真正落實、彰顯成效。

　　要先統計偏鄉農業區有幾個活動區，為何會派車去因為沒有聚集點，剛才討論的是有聚集點的，有活動發展中心這些，農村特性不同，要因應需求去做調整。

　　舉例來說，之前某育成協會跟農業局辦活動租場地，執行廠商會商量能不能讓好幾個單位一起參加，這樣同一天可以同時滿足所有相關需求，青年的問題可以一次處理，一次可能 5 個人出席，透過這樣整合一次可能聚集 40-50 人，一般委託廠商可做到這樣，為何你們直接回答不可能協調？這就是效果和效率的問題，政府做事要花很多錢要有效率，各局處可以再加強聯繫，如果一開始就認定沒辦法就什麼都無法做。」

　　這一段結束後，副市長私下找委員討論這件議案，並在後續計畫中做出了些許調整。雖然一開始就能理解各局處間溝通配合有一定程度的困擾，但是也不至於不能配合處理，而且很多計畫都是透過承接委託的廠商或團體來執行，在過程中其實也可以透過「議約事項」，與建立各區與里長的溝通網路，其實

很多問題是可以被有效排除的。

　　從這個案例的過程中，可以很明顯地感受到局處的代表對於青年委員針對涉入他們業務的建議提出了不同觀點，但是很多局處的單位代表在崗位已深耕許久，所以他們會從心底認為很多事情是不能夠被改變，或是沒有改變的支撐與條件，尤其是涉及到非所屬局處的相關業務。

　　跨局處的溝通與配合是因為各局處在績效指標與立場的不同，所以在合作上需要有架構師協助穿針引線，滿足各自的缺口之後，才有可能成立協調合作，這一直是國內不同體系／不同部會／不同局處彼此要如何配合的核心課題。

　　過程中其實是在兩位青年委員的配合下，充分地把政府單位不熟悉的現場狀況做論述，因為局處單位是以委託辦理（標案）與申請來執行相關專案，所以對現場掌握度不高，而這些也突顯了其實政府局處其實很需要有能夠理解場域與特性的青年委員來做為單位的眼睛，協助政府單位釐清現場與需求。

　　但是局處代表在立場的框架限制下，對於青年委員的意見提出了否定，並創造了雙方認知落差的缺口，而青年委員透過對現場的了解與充足的事前準備，逐步讓局處代表讓步妥協，進而使整個提案有了支撐與兌現的基礎。

其實對於多數的政府局處單位而言，有許多來自高層的指定任務標的與自身立場的包袱，這些其實就是讓部會局處單位難以伸展手腳的原因之一，很多時候為了不破壞各個立場下的利益結構，所以不見得會有大破大立與改變，「走舊路，到不了新地方」、「舊腦袋解決不了新問題」，其實這個是需要很多不同世代的委員們在公參的持續投入與努力。

青委該做什麼

就像上述個案中所提到，事前的準備、場域與周遭的觀察、對於政策政見計畫的研究等，這些都是身為一個青年委員需要花時間去努力去積累的。理解單位跟相關局處代表立場，了解相關局處的業務、計畫及任務分工，了解政府各單位代表的立場（包含職務、部會的期待等），釐清、互相了解，這些都是需要花時間去累積與準備的。

在提案前，青年委員應該先搜尋各局處是否有目的相符的相關專案、政策或是計畫，如果是地方政府的青年委員，可以先查詢中央各局處是否有相對應或是共同目標的計畫。

舉例來說，以地方政府的青年創業專案來討論，

在地方可能會有像是臺中市的摘星計畫、青年局的青創輔導計畫等等，但是在中央部會可能就會有經濟部海選型的 SBIR、教育部 Ustart、科技部 FITI 等相關的專案計畫。

然後再從類別往上衍生會有哪些對應的標的，像是如果是返鄉發展，剛好故鄉又是屬於 134 個優先創生的偏鄉地區，就可以再參考國發會地方創生政策；如果剛好假設選定的範圍是農漁村，則可以再參考農業再生計畫、新農業示範計畫等等。之後再回頭對照地方政府在相關計畫的政策還有各局處的業務標的，這樣就能夠建構對於特定領域的政策知識。

如果是針對這些局處計畫執行有疑慮時，可以考量使用公開的政府相關資料庫或平臺，像是開放政府標案、政府研究資訊 GRB、政府公示資料庫等，查找相關對應的計畫、執行說明與結案報告，這樣可以對於相關領域有更深的了解。

同時可以把相關計畫放到搜尋平臺上去查找相關個案，把查詢到的公示資料、計畫、政策等等拆出關鍵字來做檢索，過程中可以加入自身的立場、經驗等做為尋找切入點的基礎，針對得出的結果如果想進一步去看相關代表性的人物或是標的，就可以去聽相關人物的講座或是到現場去觀察記錄來做比較，可以加強對於後續要討論或提案的內容論述基礎。

如果對於過去有公參經驗的，就可以在做為事前蒐集時，針對場域或者是相關使用族群做調查，可以透過觀察、審議或是倡議的方式來蒐集相關資訊，彙整後可以做為提案及後續討論的基礎，而這也可以做為在公開資料蒐集與彙整階段完成後，來做比較及進一步評估的作法。

　　在提案或會議前，會需要先跟局處或單位相關人員做初步討論，也許青年委員的提案其實局處曾經有思考或評估過，但是在執行上碰到像是單位預算不足、組織人力不夠或是高層不支持等等的狀況。這些就是在提案跟與部會討論前可以具體化相關的需求，同時讓提案與會議討論到執行是有「accessibility」的。

　　在提案與會議前，需要將議題、問題、解決方案及對策建議進行規劃，假設今天要討論的是青創政策，那就需要針對此面向提出問題，從蒐集及觀察的資訊做問題分析與說明，再來針對問題會有哪些面向的建議與提案，需要部會局處提供那些參考資料，針對這些需求提供哪些素材來做強化與優化，這個就是青年委員在提案前需要費時費心費力去做的準備，其實這是一個青年在公共參與中一個很好表現的舞臺。

　　也許這邊很多人會問，做這些事情感覺沒有好處，而且青年委員基本上都是無給職，那為何要這麼

認真？其實很多認真的青年委員都希望可以改變一些政府單位的運作、希望政府可以運作的更完善、希望政策跟計畫可以真正落實的想法去投入，但其實也有很多青年委員除了在公共價值外，還有想要倡議或是想要努力的位置，通常在做完基本的提案架構與規劃後，會再針對提案的目的、標的與需求來做加強。

　　舉例來說，假設某些地方政府對文藝活動沒有特別支持，青年委員希望透過提案，讓他所屬的團隊、立場或是特定組織可以有更多藝文表現的機會等，好讓一些可以實質幫助政府運作或合作的團隊可以有嶄露頭角的機會。

　　當然大家可能會認為這是因為委員們有自己的私心私利才會投入，但是不諱言，這些是認真在思考規劃，並且對於單位局處有藍圖想法的青年，這也是青年跟政府合作的一些回饋吧！

公部門怎麼看青委

　　如果今天站在公部門代表的立場，當青年委員提出一些疑問、看法或是建言時，應該如何面對呢？其實應以站在多元包容的立場，針對這些意見給予「尊重」，但可以針對建言的內容、需求與深度再決定認

同度有多少。

雖然很多公家單位對於青年委員的定義是作為政府友善青年的象徵，在呈現給外界的感受上，有時候會顯得刻意，甚至對外放大單位內青年委員的名聲，但在內部還是沒有讓他們具有相對的建言與權利，從近幾年的活動中其實很明顯地突顯出這種狀況。如上述提到的，公部門與青年委員雙方各有立場，但是在雙方的配合上其實看不出公部門對於青年委員們的尊重。

其實在會議、討論上，對待青年委員的方式應該比較像是在跟年輕的市府顧問、專家委員相處，將他們與市府顧問／專家委員放在平等的立場地位上，而不該因為對方年紀較輕、社會經驗較為不足的關係，就一味地站在教育年輕人的角度，像是從長輩在指點晚輩，或許私下相處時可以前輩、長輩的姿態來提醒提攜後輩，但在會議與討論中，雙方應該是相互尊重，各自都該有準備的方式來做相處，才會是較為合宜的作法。

現今公部門並非全部都有設置青年委員的角色，但部分設有青年委員的局處卻能夠在有限度的環境下，跟青年在政策、計畫、專案活動上取得很好的配合。同時這些年輕的心血，也能在良好的互動下貢獻很多想法與看法，作為單位的外部幕僚給予支持協

助，我認為這其實是一個很好的公私互助的呈現。

對於公部門而言，當然在很多時候會認為不是每一位青年委員都能夠提出，對市政／公部門很有建設性或使其運作更順暢的提案，但卻可以從這些年輕一輩的論述中，去了解中間的世代差異。也許委員們對於局處的任務真的不了解、不熟悉，但是透過溝通以及雙方資料的交換提供，可以逐漸拉近縮短雙方的距離感，或許這個磨合的過程能夠發現局處計畫的缺口。

舉例來說，很多時候青年委員會提出政府單位在政策宣傳佈達沒有做好，所以多數人都不清楚，多數的局處代表這時候都會提出我們有多少參加的數量、績效有多好⋯⋯等來作為回應。如果這時候的做法是，先詢問青年委員宣傳佈達可以如何調整，如果今天他是負責這個計畫執行的參與人員，他會如何去宣傳，而這樣的實踐是不是能夠達到他的目的，然後再依據他所論述的內容，提供相對應的資訊，有可能是青年委員不清楚計畫的 TA 是誰？又或是他們認為 TA 可以再包含更多，這些資訊其實可以讓這些政策有更好的延伸。

而這樣的討論不是說單位局處沒有把事情辦好，而是雙方先做良性溝通，再討論目前執行的狀況，然後期待帶來的效益，最後再將局處目前認為有哪些執

行缺口是可以讓青年委員們幫忙思考解決方式，這樣的討論互動方式，其實可以促成雙方產生出更多良好的成果。

有可能些許問題青年委員沒辦法回應，但可以蒐集新的觀點；有可能這些問題在青年委員提出建言後得以改善，這些都是嶄新的可能性，我認為這些可能性是可以讓公部門在可以運行的範圍內產生累積的。

青委與公部門的對價

人與人之間存在對價關係，基本上不會有人在為另一方做事付出時是不求回報的，也許要求的對價是實質的，也許想要的對價是虛的，但對價關係卻是實際上存在的。

「青年」就是很容易在公部門對價關係中消失的一方，而青年委員更是如此，很多時候單位會仰仗著有才能的青年委員，希望他們能為公部門與社會多貢獻一些，但是在無償、無掌聲的情況下，青年委員被消耗了，而這些消耗通常都是不會有對價關係的。

其實不只是青年委員，近期在公共參與的圈子中，也發生了憾事，其實這突顯了「青年」對於整個社會而言，往往都是天秤中被犧牲的一端，為了實現

自己的社會理想、理念,為了爭取更多的舞臺、更多的表現機會,往往都願意先踏出嘗試性的第一步,但這些第一步到了最後卻變成單方面的理所當然,因為我們活該?我們所說的這些青年委員,也包含了之前在新北市金山區努力,希望金山改變、希望能更有所突破,曾經很努力很熱心的一位青年委員。

青年委員跟公部門間的合作,應該要建構良好的對價關係,公部門在許多專案都透過委外執行單位,但是卻因為上司的要求、委外執行單位的成本考量、又或是單位預算不足、人力不足……等情形而有缺口。而這些缺口卻需要有人支援,有能力的青年委員就變成了其中的消耗品,當最後在收割分享成果的時候,這些青年委員又在哪呢?有誰還記得過程之中有哪些青年委員投入與付出?這些都回歸到很現實的課題,「免費」的最貴,這個是很多社會上的前輩們常掛在嘴上的事情。

對於青年委員而言,就是因為公部門常常抱持著一種「我們是讓你們這些青年來學習的、你們的能力與經驗都還不夠」的心態,所以這些青年委員無償免費的付出勞力/腦力/關係/人脈都是理所當然的。而這樣的觀念是需要被打破的,大家都知道改變需要時間,但是總是要有人願意先踏出那關鍵的一步,而這一步不該是所謂「無給職」或是「經驗/能力不

足」的青年委員們該付出。

　　誰沒有過去？目前政策的決定或制定的年長者（或長輩）也曾年輕過，過去造就了現在，而現在這些青年委員在未來或許會成為政策的決定或制定者。當社會的未來要交棒給現在的青年時，應該給予他們的是支持與肯定，而不是讓青年感受到被消耗的無力感；對於公共參與有理想有目標的這群青年委員，需要的不僅僅是表面上的尊重，而是青年委員與公部門有良好對價關係，雙方朝著共同目標邁進才對。

青委的未來與期待

　　走舊路永遠到不了新目標，「青年委員」雖然各自抱有不同的立場，政府組織內也有各自的需求與包袱，公部門與青年委員之間如何建構（或取得）一個與政府單位內對於學者、對於認為專家的年長者相同平等的角色（或地位），雙方如何彼此尊重、具有共同的目標或對價關係，這些是目前仍需往下解決的問題。

　　青年委員並不是一個廉價、免費的公部門義工，而是跟市政顧問、專家相同的角色（或地位），這些所謂的專家學者們可以「左手提計畫拿專案，右手當

委員審專案」，那為何在對應青年時，非得站在道德制高點用積功德的方式來看待這件事情呢？

　　青年委員與政府攜手滿足不同世代的需求，公部門不該以壓迫的形式，透過包裝、輿論與宣傳來達到公部門期待的結果；應該是雙方放下各自的成見與立場，共同完善政府政策的規畫，這是能夠讓政府與社會往好的方向改變的一場公共參與戰役，期待未來能有更多心血共同來為臺灣未來撰寫新頁，也期許政府部會可以放開心胸接納我們這群 21 世紀的「斯巴達克斯」！

▐ 作者介紹 ▏賴建宏

一名公參人，現為從事偏鄉及原鄉離島地區相關工作，在投入此領域前從事協助政策制定、規劃與執行方式修正等工作，曾參與、規劃與執行青創基地、地方發展相關政策及計畫。

經歷
2015-2016　教育部青年諮詢委員會-技職組委員
2017-2021　臺中市政府青年諮詢委員會（2019 年前為臺中市政府青年事務審議會）

原住民青年參與公共政策的反饋

林家豪（Buyung Sigi）

一、什麼青諮！

　　2018 年的夏天，我剛結束一個為合作事業遊說的拜會行程，在樓梯間簡單整理下一個行程的資料，正要離開時，遇見負責合作事業單位的 A 長官，她親切的說道：「我們有推薦你擔任青年委員哦！但，名單中你的年紀比較大，不知道會不會入選，加油喔！」還沒回過神的我，慣性地鞠躬回覆表達感謝，簡單寒暄後，便繼續了我的行程，幾天後，接到了一位自稱為行政院幕僚的來電，詢問我擔任行政院青年諮詢委員會委員的意願，頓時串連起與 A 長官的談話，原來是入選了行政院的青年委員！禮貌的結束通話後，還依稀記得為了那陌生的新詞「幕僚」而感到新奇。

　　於是我開始搜尋相關的資訊，包含可見的網路資

訊與不可見的人脈情資，在虛擬世界裡，以「青諮」作為關鍵字搜尋，出現的結果大概可以得到整個組織架構，以及組織平臺運作的方式。第一屆的青諮會（時為教育部青年諮詢委員會）是教育部層級下重要的青年議題平臺。第二屆青諮會則在蔡總統的青年政策方向下，將青年諮詢委員會的層級，從教育部層級提升為行政院層級，全名為行政院青年諮詢委員會（簡稱：院青諮），因此形成了青年在中央的公共參與及溝通機制，亦是青年參與政府政策的重要管道。而由教育部青年發展署所設立的青年諮詢小組（簡稱：署青諮），與縣市政府青年事務專責單位（事務或諮詢委員會），成為地方的青年公參及溝通平臺。

眾多的青年組織平臺在年齡的限定上，青諮會（院／署青諮）為 18 至 35 歲以下的青年，與其它縣市政府青年事務專責單位不同，鎖定青年族群；而在 107 年度直轄市及縣（市）政府青年事務專責單位及青年諮詢組織設置情形彙總表資料顯示（教育部青年發展署，2019），專責單位中以雲林縣兒童及少年福利諮詢代表年齡最小（10 至 20 歲），觸及青少年的機率較高；新北市青年事務委員會是年齡範圍最大（15 至 40 歲）觸及較廣；其它均以 40 歲為上限，當然不同年齡所討論的議題與需求是截然不同，自然需要盤整收攏其想法與意見，以期能具體的回應青年之期

待。

　　忘了介紹出生於 80 年代的我，在部落長大，跟
著父親在都會邊緣活著，我聽過百業興旺，看過泡沫
經濟，玩過臺灣首支網路線上遊戲，體驗過 George &
Mary（現金卡）的魅力，也和您一樣，早已生活在
網路的世代裡，我能充分感受到網路（Internet）的便
捷，一切都像極了愛情！＠＃＄％？。思緒拉回到現
實裡，除了網路的可見資訊外，我所接觸的人脈情資
裡，以部落與北漂族人及地方頭人與公職友人為主，
對於青諮或青年委員，都是相當陌生，大概都是從
「什麼青諮？」開始進入漫無目的地對話，這讓我不
禁感慨，原來我們（原住民社會）與公共參與事務，
還隔著一段距離呀！

二、反應迅速的系統化組織

　　我在進入院青諮以前，曾擔任過縣市政府及中央
部會層級之委員，感受最大的差異，在於「議題被反
應的速度」，前人常道，速度決定一切，而形塑一個
反應迅速的組織，關鍵因素不會只有一個，但，就處
理議題的態度上，「誠意」二字似乎就能轉動了組
織，就好像副召集人 AU（唐政委鳳）在某個會議上

説的一句話，其原意大概是「團隊不做的事，就由我來做」，我當下立馬登入大腦資料庫，修正有「權能使團隊做」（有錢能使鬼推磨）詞彙，當然我指的是一個「基本」的態度問題，非單純指權力這個事情，而這真的很重要！

基本上，絕大多數的青諮會議，係以青諮委員及幕僚團隊組成，通常會議主責單位與相關部會都會加入討論，而強大的幕僚團隊，是各部會的綜合體，百分百的智庫。對！包含一位速記師，能精準的產出逐字稿，確保文字能對齊原意，降低誤解的產生，爾後，若召開相關會議時，將被#include 在會議裡，直接排除了無效會議的可能性，當然，逐字稿在公告之前可以被編修，但，處於公民意識抬頭的時代裡，相信你我都不會輕易嘗試竄改之事。

在青諮會的運作範疇裡，委員有主導（主揪）議事權力，只要連署人數達到門檻，可以透過行政院青諮幕僚團隊，安排「部會敲敲門」拜會行程，為確保此行程具效益，部會不免俗的提高接待層級，與會人員亦是自動與議事對齊窗口。我在任期內所參與的 2 次敲門行程，包含國家發展委員會與科技部，前者由時任郭副主委翡玉出席會議，後者由時任陳部長良基親自出席會議，有一種獲得進入無差別的期刊下載平臺（好似公親事主對簿公堂），什麼都想下載，什麼

都想問問，但這可遇不可求的機會，端看誰準備的多，誰就能獲得所需資訊。嗯……至少我得知「以投資取代補助」的地方創生計畫，因為它投資的標的主體是公司，所以直接排除了長期耕耘原住民地區的社團組織，我依稀記得哪句話是這樣說的：「你們就成立公司就好了啊！」還有還有，原來科技部只處理各項研究事務，並非所有科技範疇的唯一窗口。

另一個重要的議事平臺是「巡迴座談」，表定是常態（每兩個月）舉辦，由主揪委員擬定座談會議題方向，與幕僚團隊共商共籌座談會注意事項，議題所觸及的產、官、學、研或是民間頭人，將受邀與會，透過工作坊模式，讓各委員能更了解議題背景，使座談會期間和與會者產生共鳴，增加未來議題被延伸為提案的可能性。而由我主揪的座談會，受到本書共同作者曾廣芝（小工）的拔刀相助（當時她正在籌備她所主揪的場次），藉此，再次感謝小工的無私付出。

對！還有一個議事平臺稱為「協作交流」活動，基本上它應該不會有逐字稿（我說應該），通常是不會限制議題方向，是相對較為輕鬆愉快的自家人活動，當然也是由委員主揪，總是時間不允許的我，至今只能參與少數場次，但它很重要的提升了委員間的關係，卸下議士身分，同是天涯淪落人，自當暢快「練肖喂」。

在這裡，我想表達的是「運作機制」所產生的綜合效益，廣而深的連結網絡，增加了青年議題的觸及面，讓現象有機會被一些人看見，又被另一群人聽見，被眾人搬上檯面討論，形成一個明確的議題，具體的被議士（委員）們打包成提案後，順利的話⋯⋯對，前提是順利⋯⋯，可以進入國家治理政策的渠道。這看似自然的流程，其實一點也不自然，首先要有委員帶頭暢議，具體的表達議題影響層面，盡可能的擴大議題的能見度，還要能吸引委員的認同（連署），呼之欲出的重點不全在於「委員」，而是委員的「遴選方式」，或許，這個機制是需要被廣泛討論的。

青年諮詢委員非民意代表，不必經過社會的公評與檢視，不必爭得你死我活，它取決於各部會的推薦，就好像我是原住民族委員會推薦人選之一，同屆出線的原住民籍委員，包含了體育界的神力女超人郭婞淳與有二屆青諮會經歷的 Valagas Gadel jeman（胡哲豪），這裡重點不在討論席次，但，20 位青年委員中（排除召集人與部會長官），也尚有 3 位原住民族青年（簡稱：原青）參與公共政策，回到從推薦到出線乃至於諮詢的表現，我想這機制所圖的，應該是青年們的參與過程吧！

三、請託並非唯一道路

　　根據原住民族委員會於 109 公布的「108 年原住民就業狀況調查統計」顯示（原住民族委員會，2019，p32），臺灣原住民族人口約為 56 萬人（以下為四捨五入之數據），約占總人口數的 2.4%，平均年齡為 35 歲，有一半人數年齡在 33 歲以下，其中 15 至 24 歲的青少年接近 21%，25 至 44 歲為 38%，比率均高於全體民眾，而在 45 歲以上者亦低於全體民眾（41%），顯示在原住民族的社會中，國家青年整體發展的政策方向，將具有很深遠的影響。在設（戶）籍數據上，15 歲以上的族人，有 52% 設籍於非原住民族地區，而山地原住民族地區為 23%，顯示人口外移問題外，也突顯了接觸主流社會的人口數之高。

　　在這裡，我們不討論原青公參比例問題，而是討論政策在社會的供應鏈問題。2019 年 9 月，因為青諮身分，得以組織一場「Les't talk」審議式民主會議，當然非青諮身分亦可提出申請，但，或許是在體制內的我們，在各方面的流程安排上，是彈性了許多（對！我說的是……或許），議題討論的方向是「青年其實也想參與部落發展」，發想關鍵在欲探討原青公參管道的現況，透過會議產出了各組的行動方案，我在大會和與會者再次確認行動方案後，即打包遞交

青發署，進入了反應迅速的系統化組織，而我也開始參與及追蹤方案的後續發展。其中有一個方案是加強地方政府與青年溝通的管道，我們希望地方政府能定期召開與青年對話的聚會，約莫在 2020 年 6 月左右，無意間的在某個群組訊息，看到了某地方政府正啟動與青年的對話機制，瞬間吸引了我的關注與好奇。回想當時影響我參與「Les't talk」審議式民主會議的動機，也是在某社群版裡，看見幾位原青對某項政策的抱怨，我好奇的留言詢問：「那該從何改善呢？」大部分的回覆，可以歸類在找民意代表、抗議陳情等方式，或許是沒有得到理想的答案，接著在幾個月的時間裡，我開始透過可接觸的原青族群，像是工作遇到的客戶、演講授課接觸的學員，還有旅途間遇到的路人間，想藉此得到更符合心中的答案。排除了不可能的回覆後，大概還是透過民意代表來解決，其中比較經典的回覆：「我親戚是里長，他會願意透過議員幫我們解決。」我當下只想問，若沒有這層關係，又當向誰進言？議題本身可能涉及法規層面，可能也不是議員可以解決，那不就又要透過議員親戚向立委請託？

現今的原住民族社會裡，不同族群有不同的議事文化，在部落裡，頭目、耆老、智者可能都是可請託的對象，在都會中，少數縣市已設置族群領袖一職，

惟職務的權利與義務，尚還有建全的空間，但同時也尚具備族群代表性。我想表達的是，全民公參管道，請託已然不是唯一的道路，目前在各縣市裡，僅有少數尚未設置專青年事務或諮詢組織，中央亦有青年諮詢委員會（小組），刻正擴大青年族群的觸及層面，若有心，可以透過實際參與相關會議，來具體表達您的訴求。

四、做就對了！沒什麼該與不該

　　我在進入青諮會以前，除了創業以外的時間，我投入在族群事務上，擔任政府機關之委員會成員，以自身經驗提供拙見，學習著如何與政府溝通，我知道建議不一定能被聽見，就算聽見了，也需要時間調整，這對於走在創業路上的我，至少在認知上，修正錯誤只不過是例行公事罷了！經常在任期內無法看到改變，總讓我感到困惑與失落，好在上天持續給我公參的機會，讓我擔任不同層級的諮詢角色，隨著接觸的人事物多了，在長官、先進、前輩的指導下，漸漸明白，現代能者，除了擁有能量還需維持聲量（話語權），善用它，可以持續改變你心中的那個世界，但逆風飛翔的你，原本以為只有困惑與失落會陪伴你，

其實還有更大的困難在前方等待著，等待你自動的跳入那圈套裡，還無法自拔的向前邁進。

　　以我待過的委員會（委員會或工作小組）經驗，委員會的重要性，從編制上就可略知一二，如編制的人數多寡、是否跨部會或召集人與成員的職級高低等，所謂事分輕重緩急，殺雞也可秀牛刀（用嚇的）。由縣市政府局處組織的委員會，會議結論還須上呈局處首長裁示，反之縣市政府層級委員會，雖然主席可以直接裁示，但也尚有民意代表在監督裁示成效，這是環環相扣，也是層層把關，待在前者時，我會縮小建議範圍，深入執行面問題，目標任期內能協助解決部分問題；待在後者時，我會擴大建議範圍，分析涉及層面與聚焦影響層面，思考提案之可行性，目標任期內能協助解決多數問題，相信我，飛翔是需要羽毛的，不管是召集人還是你自己。

　　偶爾會被貼上標籤，被誤會是個愛找麻煩的人，偶爾也會因為得罪部會而失去工作上的機會！但，不要怕，做就對了，持續以正向的態度面對，然後發現一切好像沒有改變，誤會終究還是誤會，所以，還是把握發言的機會，不怕得罪人，就怕得罪事！進入青諮會以後，我還是聚焦在原住民族群事務上，包含青年就創業與合作事業的議題上，多了政院層級的會議，也多了機會遇到長官口中的長官，還有一路上推

薦與支持自己的長輩或友人,有時執著於「建議」是
當講不當講,總不能一直被認為是推薦你出來,結
果,一直在找我們麻煩,你說是吧?

　　青諮當然不是民意代表,沒有那把民意之槍,但
有的是諮詢權力,還有溝通的能力,以本屆來說,20
位青諮委員,有不同的背景,來自不同領域,扮演著
那領域上的編劇,極有可能一個事件,可以發展成20
套劇本,但,在那議事廳上,劇本(結論)只會有一
個,只是因著社會需求的改變,隨時翻拍真實上演。

五、小結

　　回顧近 2 年的任期內,我在議題的參與上多過於
提案的建樹,好在提案不是諮詢的唯一方法,很多時
候,問題不用到提案就已經解決,因為龐大的青諮團
隊,正在看不見的地方持續運轉著,我很感謝有這份
榮幸與各位並肩作戰。在我所陳述的章節裡,曾提到
的幾個建議事項,包含青諮的遴選機制、青諮串聯及
部會參與等細部問題,在這裡進一步說明。

　　首先是在青諮遴選的機制上,我認為有兩個重點
需要討論,其一為自薦者與推薦部會,在人數的限制
與背景上差異,應揭露其相關規範;其二為推(自)

薦到遴選，乃至於遴選的過程中，思考其透明機制之可能性，做為展現青年公參平臺的最佳兼容性。

其二是在青諮群如何有效串聯的機制上，可以看見青發署刻正擴大辦理各項串聯活動，惟針對中央與地方青年專責單位的聯繫上，以我所接觸的縣市（這裡我先保留揭露資訊），尤其我所關注的原青族群中，連結甚少，具同屬性之青諮群應可強化／建構溝通平臺，在族群（如：原住民族）上及地域上（同生活圈），都是可以努力的地方。

最後是在青諮及部會參與的機制上，目前可以看到一個現象，經常參與青諮會議之部會，通常在交換意見的過程上，會比參與較少的部會來的得心應手，參與度（涉入程度）較高的青諮亦是游刃有餘。反之，參與度較低者，可能在建議提出並形成提案後，一方面產生青諮無法主動追蹤部會回應之狀況，無法確認回應是否能解決當前問題。另一方面，部會在不熟悉青諮會的回應機制下，可能無法掌握具體回應方向。提出建議乃至於提案形成的過程中，都需要經過一段溝通的階段，若能制定一套公開的標準化流程，勢必能提升這個階段的處理速度。做為能即時反應青年與社會需求的政府平臺，刻正需要一個具體的回應機制。

| 作者介紹 | 林家豪（Buyung Sigi）

出生於泰雅族部落，漂流落地於都會區，研究資訊科技、行銷管理與合作事業領域，長期關注族人發展議題並以專業背景傳承族群文化。

經歷
2018-2020 年　行政院青年諮詢委員會委員
2012-2020 年　新北市泰雅族族群領袖

小屁孩！大人說話，你們不要插嘴：從教育現場看高中生如何與公共參與接軌

曾露瑤

一、缺了角的權利，該不該補？

（一）18 歲的高中生，該擁有怎樣程度的參政權？

「囡仔人有耳無嘴！」是你我幾乎都曾聽聞的一句俗諺。但，16-18 歲的高中生們，算是囡仔人嗎？我國《公民投票法》自 2018 年公布修正後，除降低提案、連署門檻外，同時也將可參與公投之法定年齡從 20 歲下修至 18 歲。在 2018 年全國性公民投票中，超過 60 萬的年輕世代得以透過第一次投票的機會，

共同參與 10 項重大議題的決定[10]。許多人可能會說，這群小孩連自己的事情都處理不好了，還能處理到國家大事嗎？乍聽之下好像有那麼些道理，「修身、齊家、治國、平天下」，如果連自己都顧不好的人，能否有閒暇之時、力關心與參與國家大事呢？有些人認為，剛從高級中等學校畢業的同學，雖然已經是滿 18 歲的成年人，但因為還沒有經歷過社會現實，投票決定國家大事，應該等長大一些再說；有些人則認為，高中生已經具備足夠獨立的思辨能力，也應該可以對自己想做的事負責[11]。

事實上，關於 18 歲參政權利的倡議，我國早已於 1930 年就開始做。回顧過往，1930 年《臺灣新民報》舉辦第一次「臺灣州市議員模擬選舉投票」，共 5 州 7 市，選票印在民報上並用郵寄方式投票，分別選舉州議員和市議員。1932 年，我國固有的成年門檻是 16 歲[12]。若以迄今 2020 年論，這樣的歷史已達 88 年！或許在當年的時空背景，16 歲的男女已出社會甚

---

10 資料來源：「提升公民參與能力，68 所高中模擬公投推選民教育」，取自「聯合新聞網」：
https://udn.com/news/story/6898/3839451

11 資料來源：投投是道：http://18vote.org.tw/

12 資料來源：
https://hackmd.io/@oCXCxgdCTxCJJLA5ZxiDKQ/H1VLy7ss4?type=view

而成了孩子的爸或媽，因此擁有參政權並不奇怪。然試就來自約旦的聯合國秘書長青年特使 Alhendawi 所言：「不要只將年輕人當作選民，更需要看作是合作夥伴，以及能夠制定政策的人。[13]」綜觀全球民主發展，各國下修投票年齡，主要是基於權利義務對等原則。1946 年，捷克、斯洛伐克首開先例，將投票年齡從 21 歲降為 18 歲；1960 年代，英國、加拿大與美國等國都陸續跟進。奧地利甚至下修至 16 歲。聯合國也建議各國，應透過政策增加青少年政治參與的機會。下修投票年齡早已是全球公民的普世價值，不因國情差異而有不同[14]。或許我們該思考的是，若能早些讓這群「孩子」了解參政權的重要性進而實際參與及操作，是否未來國家大事就不會只有一小部分的菁英，甚至是僅具豐厚政治文化資本的政二代在運作著、左右著。

　　我國《憲法》及 2008 年國內法化的《公民與政治權利國際公約》敘及：「我國人民享有的參與政事的權利，包括：選舉、被選舉、創制、複決、應考試

---

[13] 資料來源：「台少盟 15 週年特展：投不投票？有那麼重要嗎？」，取自「臺灣少年權益與福利促進聯盟」：
https://www.youthrights.org.tw/news/1082

[14] 資料來源：「民主國家中臺灣最落後　18 歲為何爭不到投票權？」，取自「天下雜誌」：
https://www.cw.com.tw/article/5099645

服公職。」各參與政事權利的門檻限制，規定於不同的法律中，除明定於《憲法》第 130 條的選舉權、被選舉權外，其他參政權利皆隨著時代進步，並陸續調整放寬年齡門檻。依現行法令 18 歲青年僅有「創制、複決、應考試、服公職」之權，並無「選舉、罷免、被選舉」等權，可仍謂缺角的公民參政權利 [15][16]。

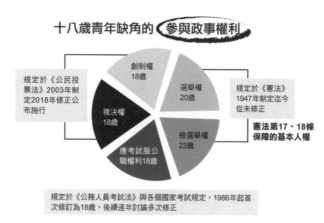

圖一　我國參政權之法定年齡規範 [17]

---

[15]　資料來源：同註 2。

[16]　資料來源：「我們與民主長大的距離—講座」，109.7.31 取自：
https://hackmd.io/@oCXCxgdCTxCJJLA5ZxiDKQ/B1UUiT2s4/%2Fs%2FS1FUo3r9E?type=book

[17]　資料來源：「投投是道─選民教育小手冊」，取自：
https://hackmd.io/@oCXCxgdCTxCJJLA5ZxiDKQ/HJKptLLnN?type=slide#/1

綜上，為何我國 18 歲青年仍未有「選舉、罷免、被選舉」等權？除考量其身心成熟度、參與公共事務積極度等因素之外，欲將我國《憲法》就上述可行使權利之法定年齡下修，其可謂一項高門檻的大工程。按我國《憲法增修條文》第 12 條規定，修憲須經立法委員 1/4 提議（28 席）、3/4 出席（85 席），及出席委員 3/4 同意（64 席），提出憲法修正案，並於公告半年後，經中華民國自由地區選舉人投票複決，有效同意票過選舉人總額之半數，修憲案方通過。門檻之高讓我國修憲遭外界譏為「鳥籠修憲」。

圖二　我國《憲法增修條文》法定之修憲程序[18]

---

[18]　圖片來源：https://research.sinica.edu.tw/su-yen-tu-politics-of-

鑑此，2020 年立法院以組成「修憲委員會」為重點工作項目，明確主張「十八歲公民權優先推動。據臺灣少年權益與福利促進聯盟（以下稱「台少盟」）與東森新聞雲民調中心，於 2018 年 3 月 26 至 29 日進行的網路民調[19]，就「請問你同不同意修憲將選舉權下修擴大至 18 歲」調查結果可知（見右圖三），偏向同意者與不同意者各半。足見民間就 18 歲青年全面擁有選舉權仍有疑慮。

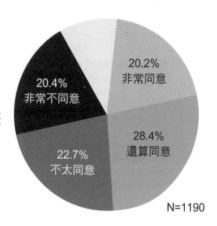

請問您同不同意修憲將選舉權下修擴大至18歲？

20.2% 非常同意

28.4% 還算同意

22.7% 不太同意

20.4% 非常不同意

N=1190

---

democratic-reform-difficulties-strategies/
[19]　該民調共計 1,190 位網友填寫有效問卷，並於 2018.4.9 對外發佈民調結果。

（二）頭頭是道？「投投是道」！

按《高級中等教育法》的規定：「高級中等學校應輔導學生成立由全校學生選舉產生之學生會及其他相關自治組織。」在 18 歲之前，多數的同學都已經投過第一次票，共同參與校園的大小決定[20]。2019 年教育部委託台少盟和臺南一中規劃高中選民教育計畫，在全國 68 所高中辦模擬公投，助青少年提早預備公民參與能力，此計畫稱之「投投是道」。計畫中排定「選民教育專家講座、學生會選舉、模擬全國性公民投票」等活動，讓民主教育進入校園並往下扎根，培力青少年的公民參與能力，為有朝一日下修選舉投票年齡至 18 歲預做準備[21]。

二、高中生能代表青年嗎？參政權先搶著　　來，要不要投入公共事務再說？

承上，「投投是道」中「模擬全國性公民投票」活動，臺灣民主協會與台少盟以「你是否同意我國選舉權年齡應下修至 18 歲？」為題開放公投，共計 65

20　資料來源：同註 1。
21　資料來源：同註 2。

所高中職，超過 37,000 名學生參與投票，投票結果於 2020 年 2 月 10 日公布，共計超過 24,000 人（65%）投下同意票，約 10,000 人（29.7%）表示反對，無效票共計 2,735 票（5.3%），此次模擬公投的反對率也創下歷次模擬投票及媒體民調結果的新低，足見高中校園的公民教育以及學生對於公共議題的關注及參與，在近年有相當顯著的提升，將近 2/3 的高中生也希望能在十八歲成年時獲得投票[22]。

　　就此我們可思考，高中生若擁所謂的「完整」參政權，是否能如實參與政治？筆者為高中公民與社會科教師，曾於 2018 年 11 月 24 日舉辦全國性公民投票當週課堂上詢問具公投資格之學生如下問題：「同學們知道這次有幾個公投案嗎？」、「同學們知道這些議題在討論什麼嗎？」學生如是回答：

　　學生 A：「不知道有幾個題目，但網路上有說如果支持同志議題，提案幾號幾號就要投贊成，提案幾號幾號就要怎樣怎樣投……。」

---

[22] 資料來源：「全國高中生模擬公投結果發布，六成五支持投票下修十八」，取自「臺灣青年民主協會」：
https://www.facebook.com/tw.tyad/photos/a.1859793530755186/2668096103258254/?type=3&theater

學生 B：「實際內容應該就是和統獨有關吧！如果要維護主權，哪些提案就要怎樣投……。」

　　筆者就學生的回答繼續往下問：「那同學知道，除了主權議題、性別議題之外，這次公投還有核能、火力發電等議題　（本次公投相關議案及投票結果見下表一 [23]）？除此之外，同學知道為什麼大法官在 2017 年 5 月 24 日作出司法院釋字第 748 號解釋（又稱「同性二人婚姻自由案[24]），明確指出民法一夫一妻制違憲，為什麼到 2018 年公投案還有『民法婚姻限定一男一女』以及『民法婚姻以外形式保障同性伴侶共同生活』等議題？」此時學生一片靜默。但我想，學生可能知道我的提問所指為何，只是礙於我國傳統的教育模式，較不習慣在課堂上發表個人言論，又或是擔心自己說的不夠完整或稍有錯誤，因此選擇由教師來說明。但如果都不是上述所論呢？學生若真是「不

---

[23]　圖片來源：取自「自由時報」：
https://news.ltn.com.tw/news/politics/paper/1249528
[24]　「2018 年中華民國全國性公民投票」，取自「維基百科」：
https://zh.wikipedia.org/wiki/2018%E5%B9%B4%E4%B8%AD
%E8%8F%AF%E6%B0%91%E5%9C%8B%E5%85%A8%E5%
9C%8B%E6%80%A7%E5%85%AC%E6%B0%91%E6%8A%9
5%E7%A5%A8

知道」也「不明白」，試著思考在他們手中的參政權，意義何在？未來若真下修投票權為 18 歲，是否合宜？或許我們也會問，許多所謂的「大人們」也忙於事業、家庭，無暇了解公共事務，如此苛求高中生在繁重的課業之外尚須深諳公共事務及相關議題，是否過了？

表一　2018 年 11 月 24 日全國公投相關議案及投票結果

案號	公投議題	是否通過	案號	公投議題	是否通過
7	反空汙	是	12	非婚姻保障同志	是
8	反深澳電廠	是	13	東奧正名	否
9	反核食	是	14	婚姻平權	否
10	婚姻定義	是	15	性平教育	否
11	適齡性平教育	是	16	以核養綠	是

三、其實真的有點行！高中生在公民與社會科與現實生活間的連結互動

　　時任總統蔡英文於 2020 年 5 月 20 日總統就職大典說道：「我們僵化的教育制度，已經逐漸與社會脈動脫節。[25]」親愛的你或妳，怎麼理解這句話？教育制度究竟哪裡僵化？怎麼僵化？社會脈動又是如何？教育現場中不勝枚舉的問題，真的都無法解決嗎？筆者從事公民與社會科教職已逾 10 年，曾設定「公民『沒問題』─如何從 trouble maker 變成 prouble solver」活動。學生須於生活中找出與己身相關之問題，規劃並實作如何改善此問題，並於課堂上彙整報告。下表為該活動之架構：

25　資料來源：「第十四任總統暨副總統就職專輯」，取自「中華民國總統府」：https://www.president.gov.tw/Page/251

表二　筆者於高中公民與社會科 99 課綱規劃之「公民『沒問題』——如何從 trouble maker 變成 prouble solver」活動架構

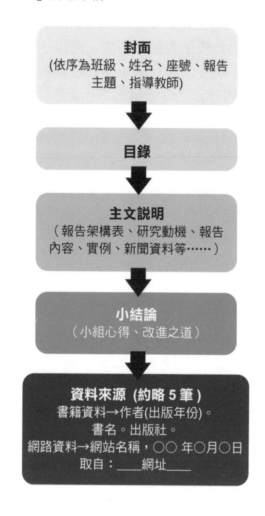

學生於此報告中發掘日常生活中各類問題進而探討規劃解決方案。舉凡「校園環境清潔」、「課業與升學」、「校園安全」、「班級冷氣用電」、「教官退出校園後的 10 種可能」等……，在在可顯示學生對日常生活各類議題的關注與重視。

　　此外，筆者亦多次於 99 課綱第四冊「經濟與永續發展」（授課時間為高二下學期） 中設計「超級創意王，我們是下一個平民百萬富翁！」課程活動。課程相關注意事項如下表二。

表三　筆者於高中公民與社會科 99 課綱規劃之「超級創意王，我們是下一個平民百萬富翁！」活動步驟暨課程注意事項

步驟一　寒假前進行分組，並選出一名組長

步驟二　請組長先行確定，小組是否有300元現金

步驟三　請小組成員試用手中的300元創造最大可能的產值！

步驟四　開學後兩星期，各組請準備5分鐘的報告，上台發表如何運用300元

預測中的是，學生透過小物資製作及買賣、勞力付出、投機購買彩券等方式牟利。出乎意料的是學生們將所得主動捐予慈善機構。更於 2011 年日本 311 大地震、2018 年花蓮大地震主動詢問筆者如何將所得送到需要的人、機構。教育的意義不就是如此？除了知識層面的解惑，情意面的培養與終生的社會關懷，更是不可或缺的核心價值！

肆、代結論

　　再回到 2019 年教育部的「高中選民教育計畫」，此計畫精神不只是希望高中生能有機會透過投票表達意見，同時也設計許多選民教育資源，舉凡選民教育網站及手冊等……。此外，模擬公投計畫也讓學生藉由公投實作了解到參與公共事務不可「人云亦云」，因你的未來就在這些公投票、選票中決定，影響甚鉅不可輕忽之。十二年國民基本教育主張落實之全人教育精神，以「自發」、「互動」、「共好」（合稱「自動好」）為理念，強調學生是自發主動的學習者，教學者教育應善誘學生的學習動機與熱情，引導學生妥善開展與自我、與他人、與社會的各種互動能力，協助

學生應用及實踐所學，願意致力社會的永續發展，共同謀求彼此的互惠與共好 [26]。「沒有開始，就不知道結果如何」，或許當我們在討論這群「小屁孩」是否能擔起參與公共事務重責的同時，也該思考所有的成長不都需經過一段過渡期嗎？若是相關配套達 80% 的完備，為何要被無知的恐懼給吞噬呢？當然，如何精進學生們擁有在公共事務參與路上除了主張權利之外，尚須負擔義務等概念，仍係最不可或缺的一塊。讓這群未來國家的主人翁變得更好，更棒，是我們必要也必須的任務！共勉之！

｜作者介紹｜曾露瑤

一名高中公民教師，藉由課程安排與學生講授公共參與之重要性。並規劃活動讓學生透過實作了解公共參與多了你，將會更完整！

經歷
2017-2019　年教育部青年發展署青年諮詢小組委員
2018-2020　桃園市政府青年諮詢委員

---

[26]　資料來源：十二年國民基本教育課程綱要，取自：
https://cirn.moe.edu.tw/WebContent/index.aspx?sid=11&mid=28
3

誰說年輕人只能聽話？

楊昀臻

*並非以學術研究角度出發，單就筆者個人參與經驗分享。

兒童及少年代表與青年諮詢委員的差異

　　目前兒童及少年代表（以下簡稱兒少代表）是有法源依據的，根據《兒童及少年福利與權益保障法》第 10 條規定各縣市及中央設置兒少代表。

　　兒少代表是由 12-18 歲的少年組成，不同的縣市都有不同的年齡區間，且分為兒少代表（12-18 歲）跟少年代表（18 歲以上），大部分是以 18 歲為年齡界線。青年諮詢委員（以下簡稱青諮委員）則是以年滿 18 歲為門檻，除了國教署的青少年諮詢委員、青年發展署青年諮詢小組委員，各個縣市政府也有青年委員會，根據不同局處、縣市，也會有不同的的年齡上限。

如果以業務範圍來比較差異的話，兒少代表其實相較青諮委員來的有權力，不只有提案的權力也可以針對不同局處進行業務上的詢問以及相關列管。以青年發展署青諮為例，主要的業務是現有活動的事前規劃、事中參與以及事後檢討會議，可能對於政策實際上的影響並不多。各縣市政府的青年事務委員也有不同的業務範圍，相較兒少代表以及青年署青諮委員，似乎多了更多的權力。

　　兒少代表相較青諮委員來的單純，背景也不會過於複雜，利益糾葛也沒有那麼多，不過相對來說也是一個滿厚的舒適圈。而青諮委員的身分又有更多的領域，與大部分為學生的兒少代表不同，所以難度也有所不同。

實務內涵

　　在實務操作時，必須要去瞭解事件背後的形成脈絡，需要涵蓋的細節非常的多。形成的脈絡包含事件背景、預期效益、法源依據、意見調查。

　　日常生活中，每個人有不同的角色，可能會是觀察者、紀錄者、參與者、聆聽者、引導者，在不同情況下所對應的角色又不同，但同時必須兼顧或是清晰

的分別自己每色對自己的預期效益時，這又是一大學問。多元，以及對同一議題用相異觀點的方式去思考或是瞭解的同時，感受到以及瞭解到的會是更加不同。

以 109 年青年發展署「Let's Talk」觀察員研究計畫操作來舉例，作為觀察員的義務是觀察活動當天執行團隊操作的現況及對當天狀況進行量性化觀察：多元性、互惠性、尊重度、合理性（加上質性的觀察補充：主持團隊、主辦團隊、場地環境、參與者）。在這樣的義務下，以筆者身為青年署青諮的身分來說：同時是辦理計畫單位、也是曾經參與，以及辦理過此計畫、審議式民主主持人、作為觀察員參與活動、議題的利害關係人。今年「Let's Talk」主題分為：城鄉教育資源差距、合理勞動條件與權益。

以 109 年「Let's talk」參與場次主題為 108 課綱對於偏鄉高中生的影響為構想。

• 身為青年署青諮觀察的角度
　　需要考量到後續如何給予青年署意見以及回饋，因此是觀察整個計畫架構所能帶來的影響，以及試著連結青年署對於整個計畫所能帶來的預期效益、延續性，在此同時反思現場執行狀況與以及計畫架構。在現場也能與參與者、主辦方討論辦理情形，以及後續

期待。

· 身為 108 年 Let's Talk 參與者

以現場的狀況觀察，包含場地、交通、審議操作狀況、參加前後對於議題的瞭解差異、在參與時有沒有瞭解到不同角色以及角度的差異。

· 身為同樣辦理計畫場次的人

參與就是學習，團隊也有辦理 109 年「Let's Talk」的場次，在這當中可以去瞭解決定議題的原因以及背景。在主辦時必須考量到的預期效益、影響力，以及硬體設備、場地、經費、交通，能夠透過參與瞭解不同團體在針對議題進行倡議以及推廣時所考量到的利害關係。

· 審議式民主主持人

在「Let's Talk」計畫中包含審議式民主主持人培訓（今年因疫情導致期程過於緊湊，改為業師協助進行自主演練），主要以審議式民主進行不同討論模式的操作，不同的議題運用不同方式進行發散討論。在活動中也是引導者的角色，在現場是第一線接觸參與者的人，也是最瞭解當天議題發散、發展脈絡的人，同時也必須對於議題有一定的熟悉度。

操作以及引導議題討論的當下是需要以相對中立的角色去進行紀錄以及釐清參與者想法，同時也需考量到參與者本身的狀態、看法、角度，並且同步進行紀錄以及後續報告。

・議題的利害關係人
　　本身對於 108 課綱議題是有興趣、家人為 108 課綱內的施行者，同時也有瞭解課綱內涵、第一線狀況、學生、家長、學校的想法、以及現有政策。又因為今年探討城鄉教育資源差距，因此希望能夠瞭解不同年齡層以及城鄉之間對於此議題的想法以及定義，透過這樣的方式瞭解現今政策不足的地方，以及利害關係人真正的需求。

・觀察員
　　需要考量到後續量性化及質性的回饋，以在觀察的同時不打擾審議操作為主。以筆者來講，會認為「觀察」不能單就現場狀況進行評估，活動前的規劃以及研擬、協調，也是很關鍵的。因此在擔任觀察員角色時，會向主辦單位詢問活動前籌備狀況、自主演練時遇到的問題，希望透過觀察員角色進行回饋。
　　在參與時，並不能說必須要面面俱到，但從細節帶到全局，再從全局回到細節中，能夠更加瞭解事情

的架構、事情的根本。在提出意見時需要瞭解制定、想法的脈絡。前因後果，有了先前的想法，造成後續的影響，沒有瞭解事情的全貌，妄下定義以及刻板印象是不可取的，「尊重」是最基本的，瞭解以及認真看待是最根本的第一步。

青諮定位

定位不等於地位。

社會框架會對於不同事物給予既定的印象以及期待，只要超乎常理、不如預期，通常會出現常見的二分法，好與壞、對與錯、正常以及不正常去辨別以及定義。

在先前描述的狀態下，擁有一套標準去看待不同事物時，依靠的都是過去擁有的「先例」、「經驗」去判斷。當新穎的思維、想法出現時，人所產生的恐懼以及排斥也會隨之而來，當有這樣的情感出現時，最常出現的情緒反應就是逃避以及拒絕，因此很多事情在這個情況下將會難以解決以及進步。

在現今社會框架以及傳統觀念正在隨著時代演變時，傳統觀念會認為在社會上必須要有一定的「地位」，在大眾普遍對於青諮並不瞭解的情況下，依然

會對於「錢」有一定的框架，認為不管什麼事情都應該要有相應的回報，否則就都是浪費時間、浪費生命，年輕人就應該好好讀書，有好成績才有好學校、有好學校才有好工作、才能有好家庭，才能餘生過得衣食無缺、幸福。這種令人作嘔的理論現今依然存在。不能全盤否定，但這樣的理論常常造成個人發展的阻礙，選擇工作、興趣、專長的時候，考量的並不是自我的發展而是錢的多寡、名聲的有無。

從古代的「唯有讀書高」到現今的學歷貶值，許多事物、概念、觀念正在被重新定義。

以現今兒童及少年至青年發展來看，因為制式的填鴨式教育，讓青年對於未來不在常人所認為正規的道路上時，所感受到的徬徨加倍，這個社會總說要當那獨特的人，但當獨特的那個人出現時大家都認為那不正常。其實人只是害怕自己變成少數，那種對於孤立無助與生俱來的懼怕，讓控制變得很容易。在缺乏認同感、同理心加上自尊心的情況下隨波逐流也變成主流，活得像是同個模子刻出來的一樣，缺乏獨立思考。當然最討厭的仍然是長輩的以愛為名，將自己的價值觀強加在小孩身上，將自己未完成的事情當作期望一般控制著孩子的生活。

現狀問題

尊重

以自身身為兒少代表時所體會到的，可以發現以下幾點：

- 尊重兒少只是嘴上說說，許多官員並不注重兒少的表意權，依然故我的提出自己的主觀想法給予兒少代表框架。認為兒少提出的意見無傷大雅，也無法代表全體[27]。

- 將友善兒少這件事情當作能夠利用的籌碼，實際只是為了讓形象看起來更好——好像有與兒少代表開會、有設置兒少代表的計畫就是友善兒少；好像有推 CRC 就是有績效，有些機關也搞不清楚自己的業務內容硬要扮豬吃老虎，不秤秤斤兩，浪費時間、經費。

---

[27] 兒童表意權：《聯合國兒童權利公約》第十二條：「國家應確保有主見能力的兒童有權對影響到其本人的一切事項自由發表自己的意見，對兒童的意見應按照其年齡和成熟程度給以適當的看待。」

• 永遠都會忘記兒少才是主體這件事情，且永遠不會尊重同為委員的身分，甚至喜歡用「小朋友」來稱呼。給予過多的框架同時也過多的操控。

　　當然進步總是需要時間的，也不是要一竿子打翻所有人，只是這種噁心的事情一再發生，許多人的熱情也會被消磨殆盡。

　　不過在不被尊重時，當下除了挫折之外，也要明確的讓官員瞭解應該給予的尊重是什麼。

　　擔任青諮：
　　筆者本身擔任過青年發展署（以下簡稱青年署）公共參與組青諮委員，在青年署內算是較接近最低錄取年齡，同時也兼任臺南市兒少代表，但在青年署以及青諮場域時，與擔任兒少代表時感受到的尊重相差甚遠。

　　在青年署公參組擔任青諮時，能夠在這樣的場域中感受到被長官尊重，同時感受到平等。或許常常會有對年齡感到驚訝的人存在，但不會有不尊重的情況出現。同時也能得到建議被政府採納，同時對於下一次的活動產生影響並促進改變的回饋。

　　不過雖然在青諮場域不會有人把你當作「小孩子」來看待，但還是可能會有「長輩」把你當作「年

輕人」來看待。在新穎創新的想法出現時，亦或是與他們曾經的經驗不同時，仍然會認為你不夠成熟、不夠瞭解。

政府

・喜歡華而不實的事物

無法從根本解決問題，甚至無法發現問題的核心、根本。不了解第一線的資訊狀態以及運作現況，但政府缺乏實務工作者，且拘泥於學術以及理論。

以縣市青諮為例，有些縣市會希望讓不同職業的人都進來參與，希望達到他們說的廣納人民的聲音，但是再沒有瞭解需求，只是為了跟風或摸頭而設置時，會讓青諮形同虛設，連與政府的連結都無法達到。

・野心過大無法好好地針對眼前事物進行深耕

不以眼前的問題為最優先思考，還希望能夠推動其他政策，但在現今狀況下根本沒有任何餘力能夠推動。

以政策來進行舉例，是希望讓更多人參與？更多人進來？還是讓原本就有相關議題經驗的人可以深入

瞭解，甚至進行延續性的規劃？

　　目前政府對於許多活動的預期效益皆無法擁有一個明確的定義，在沒有明確的定義下所研擬出來的政策、辦理出來的活動，會給予參與者模稜兩可的感受，或是甚至無法帶來政府認為的「好的影響」。

● 累積過多的不信任感

　　當青年無法得到正面的回應，以及當他們無法與政府達到相同頻率時，隔閡就逐漸加大。

　　現今刻板印象中，喜歡把學生當作什麼都不懂，但同時也會矛盾的希望學生什麼都應該懂。現今學生、青年很難與政策推廣者、政府進行對話，問題有兩個：1.學生知能不足；2.政府缺乏讓大眾瞭解的方式（可能是用詞、語意），又因為先前所提到對於目標族群的預設立場，因此政府與民眾間的隔閡越來越大。

社會

　　現今許多人無法看到事情的根本問題，在乎的都是回報（錢、名聲）以及成果（參與人數、回饋量化），以及對於未來的好處。大多數的人並不在乎過程能夠學習以及給予未來賦予更多可能性的狀態。

獨立思考、思辨能力，是近年來推行的理念，以
108 課綱來說，總綱提到的「素養教育」，就是一個很
好引發思考的主題。

　　現今課綱分為三面：自主行動、溝通互動、社會
參與；九項：身心素質與自我精進、系統思考與解決
問題、規劃執行與創新應變、符號運用與溝通表達、
科技資訊與媒體素養、藝術涵養與美感素養、多元文
化與國際理解、人際關係與團隊合作、道德實踐與公
民意識。

　　除了三面九項之外，也更加推廣適性揚才。每一
個人都是獨特的，同時也是不一樣的。同一套標準並
不適合所有的人，因此在 108 課綱內，除了多了跨領
域課程、更多選修課程、加深加廣之外，給予學生的
是更多自我發展、探索的時間。

　　這是現今的社會趨勢，以「個人」為主體但並不
是以自我為中心。現今所談論的生涯探索、科系探
索、職涯探索，是一大課題。

青年諮詢委員義務

　　筆者認為不管是兒少代表還是青諮委員，雖然隸
屬於政府，但實際上能給予的影響以及改變是相當大

的，同時也是相對獨立的個體，如果還要順應政府講好話的話，那真的失去這個職位的影響力了。

諮詢委員能做的事情遠遠大於現今所定義的業務範圍，整個社會與現今的青年、青少年、兒童皆應該是互相學習的。

諮詢委員將是當中的橋樑，當民眾對於機關內的政策、裁定、計畫產生疑問時，諮詢委員是「轉譯的角色」，機關內所需要考量到的利害關係、經費、規則都是在早期社會較難讓一般民眾瞭解的事項；當機關對於利害關係人或是一般民眾的想法無法理解時，諮詢委員是能夠在第一線接觸，同時瞭解政策，並且透過現行政策瞭解大眾想法，再將相關回饋透過諮詢會議傳達給政府的人。

現今推行開放政府，讓更多人的聲音、想法能夠進來，如何讓意見不相同的人，能夠再同一場域進行討論而非辯論，是現在必須嘗試的，不能只是窩在同溫層取暖。

為什麼要有兒少代表、青諮？

相較前輩們來說，或許擁有經驗較少，但優勢是與接受到計畫以及政策的利害關係人接觸較多，目前

政府缺乏的是能夠進行資訊對接、傳遞正確訊息以及讓政府更加瞭解現況的角色。在現今的運作中，不只能夠參與事前的前置作業，同時也能參與活動以及後續檢討修正。

能夠看到改變是要真正瞭解整個計畫或是提案的架構，同時與政府單位合作，在不同角度觀察到的問題以及細節，對於利害關係人能夠造成的改變是什麼？同時需要考慮到的並不單純只是「結果」，而是在這個過程中給予不同人造成的影響。

時代不同了，政府也必須與時俱進。青諮是必須存在的，這個身分是不受框架以及限制的，同時因為青諮的參與也能讓政府辦理的活動更加的貼近受眾，如果還用傳統的方式去限制拘泥，那將會阻礙青年的多元發展。先不說教育時代背景不同，議題的倡議目前已經從國中小開始發展了，過去死板的框架如今已不受用，且學生以及青年對於政府機關已經有一定程度的不信任以及排斥，現在一點也不缺會講空話、會講理論、會講法條的人，現在缺乏的是能夠蒐集第一線資訊、在第一線擁有實務經驗同時又能與政府對接的諮詢委員。

當年齡相近時，能夠更瞭解青年的需求以及想法，也能夠沒有隔閡的進行互動，同時青諮本身也是能夠擔任調和者的角色。青諮是獨立的，不一定中

立，但絕對是能夠給予政府正面影響的，是在現今對於政府已經失望的青年來說不可或缺的角色。

但目前青諮在政策上其實很難給予更加實際的影響，這是必須要在後續繼續與政府進行研擬修正的部分。並不是說這個職位不應該存在，或是沒有用處，而是需要如何改變才能讓這個職位達到最佳的效益。

想說的話

現在社會框架依然存在，並不是趨勢是什麼自己就該做什麼，「自己」才是主體，在經歷了那麼多為別人的期待、為了未來、為了別人認為我應該要有的未來之後，也好好的回來問問自己：你想要的是什麼？

並不是體諒別人、為了別人、為了更好的未來就會讓生命更有意義，如何定義自我、給予自我價值也是重要的。

現在的社會再走，許多東西也正在改變，並不是非得要正面、正向、正能量才是對的，一定要開朗、活潑外向才討喜。你就是你，不應該被任何人定義，也不應該被任何人侷限。

外，我希望能夠鼓勵更多認為自己是少數的人來

參與公共事務，性別不該成為定義以及攻擊人的武器，同時少數也不該成為刻板印象以及忽視的對象。每個人都有表達、表現的自由以及權利、權力。

並不是「誰」才能做什麼，而是「我」能做什麼。並非成為誰，而是成為我自己。

找尋定位並不是一件容易的事，要怎麼突破自己經歷過的 12 年義務教育，以及家庭、社會帶給你的固有傳統觀念，這是一段艱辛、痛苦的過程。在衝撞中感受並且觀察自己的蛻變，是找尋定位的過程。

Find yourself   Speak yourself
Love yourself   Be yourself

| 作者介紹 | 楊昀臻 |

關心社會議題的心理系大學生，從兒少代表開始參與公共事務，主要關心教育及性別議題，同時注重社會大眾心理發展。

經歷
2017-2019　台南市政府社會局第四屆兒童及少年代表副
　　　　　　主席
2019-2021　教育部青年發展署青年諮詢小組委員

期許自己作為技職青年的發聲角色

黃偉翔

關心技職議題、投入青年委員初衷

就讀高職（即技術型高中）時期的我，時常感受到社會對於學技術的不重視，即使我多麼努力，應該引以為傲的「高職生」身分，因外界觀感成了我自卑的源頭，這樣的氛圍更普遍瀰漫在高職學校中。為了逃離枷鎖，高職階段的我把技能學習放一邊，跟高中生一樣蹲補習班，只為了考上社會認同的「臺科大」，可是在上榜的當年，我因家庭的因素，大一開始便半工半讀，到臺大碩班依然如此。

半工半讀期間，我在補習班林立的臺北南陽街技職升學補習班教書賺錢期間，看見技職生棄技術拼學

歷現象非常嚴重，更多技職生跟我一樣，被迫放下想學的技能，準備升學考試，而且是很多來自弱勢家庭，上一代在職場因學歷不足吃盡苦頭，希望這一代可以有好學歷。

我印象很深刻，有位辛苦擺攤賺錢的單親家長，寧願存數個月的薪水給小朋友補習，只為了考個好學位，以後出社會不用像自己這樣吃虧，但由於科技大學以私校居多，對於一個家庭不富裕的學生，最直接的影響還不是教學品質，而是高額的學費，更極端的，學生每天為了打工而無法好好求學，即使四年換取畢業證書，職場競爭力卻沒有獲得多少。

臺灣有一半國中畢業生人數投入技職教育，但這些技職人才培育困境，造就了臺灣技能人才學用落差的源頭，從升學考試制度、高職課程、高職學校設備、證照制度、職能基準、資歷架構……等面向都是臺灣長期缺乏討論與社會關注的領域。因此，在臺大碩班期間修新聞課程的我，2014 年創辦獨立媒體《技職 3.0》，並擔任深耕技職教育與技能發展議題的獨立記者至今，根據 Google Analytics 數據分析，累積讀者超過 181 萬人，報導促成多項技職政策與法規修法，以歷年參與國際技能競賽國手為例，這些參與同奧運規模的世界各項技能賽事國手，卻有許多權益不如體育國手，以兵役為例子，奧運選手因培訓期間視

為為國家奉獻，可獲得 12 天補充兵資格，但技職國手卻沒有，而我的報導就促成《兵役法》修法，讓未來技職國手比照體育國手權利。從考試招生、證照制度、技優生專班……都有我的報導促成改變的足跡，也造福了世世代代技職人才，厚實臺灣百工百業人才競爭力。

投入青年委員的機緣

2016 年 11 月我受邀加入行政院青年諮詢委員會，當時我接到某部會人員的電話，說要推薦我成為行政院青年諮詢委員，當時的我只聽過教育部青年委員，對電話另一頭所提的行政院青年委員一無所知。後來，才懂政院青年委員唯有在部會主動推薦下，才有機會擔任，而非透過日常我們在地方政府與教育部青諮遴選方式接受報名。

這樣未開放報名，曾被幾位青年委員投書媒體罵黑箱，但我覺得這並不公道，也是完全沒有政務經驗的視角。

擔任行政院青諮期間，我在行政院層次協調教育部與勞動部等跨部會議題，正好將我過去幾年的技職田野經驗轉化為政府政策。擔任行政院青諮已近四

年，經歷三任院長，這樣的經歷讓我明白，唯有靠衝撞是無法推動政策，必須以信任為基礎，才有機會作為溝通橋樑。這樣的實務面看回行政院青年委員的部會推薦制度，有它的道理。

青年委員真能發揮作用嗎？

根據國際組織 WorldSkills 統計，全世界超過 2/3 人口都是技能為主，在臺灣，每年約 20 萬國中畢業生，超過一半選擇就讀技職教育學技能，因此，照顧好技職青年，如何讓技職體制獲得好的發展，是提升臺灣競爭力與多元價值的潛力之處。

2017 年底，我獨自募款飛到阿布達比，採訪有技能界奧運之稱的國際技能競賽，當時快步走進國際記者室，卻發現上百位國際記者，沒有從臺灣飛來的記者，除了我。我很心痛，自從臺灣 1970 年參與國際賽以來，每屆近 50 位百工百業的技能國手代表臺灣（因奧會模式，以 Chinese Taipei 身分參賽）與世界競賽，近幾屆排名都是世界前五，多少技能好手與培訓團隊的青春投入於此，國人卻不知道他們眼中的榮耀與技能精神。這樣不夠受社會重視的現象，連勞動部次長林三貴都感嘆。

當下我明白，除了持續做政策倡議與對話外，更重要的一部分，是向廣大的社會溝通學習技能的重要性，否則，當大眾無感於此議題，即使它再怎麼重要，影響著大眾如何學技能專業、選擇職業與生涯，沒有民意，技職要成為政府資源投入的主要場域，並不容易。

　　一屆舉辦於 2019 年 9 月的國際賽，我透過群眾募資帶領採訪團隊到俄羅斯喀山採訪，在國際上，我將製作好的文字、照片、影像甚至播音檔傳給臺灣各媒體，讓臺灣各媒體可以做出許多技職之光的報導，而我們所製作的影片，在網路上有百萬點擊，天下、聯合等眾多主流媒體也使用獨立媒體《技職 3.0》所製作的影片，被稱為技職史上的最大曝光。

　　技職國手議題，相對於大眾來說，是一個很好認識技職議題的敲門磚，因此，我 2019 年 6 月就在行政院會議中提案，要求 10 月國慶日，國際技能競賽國手代表團都應登上國慶遊街隊伍。此提案在事前充分溝通相關單位下，會議上受到各部會首長的支持，當場行政院長蘇貞昌也如此裁示。不只如此，年底與臺北 101 合作，將臺灣之光動畫放到整棟 101 大樓宣傳，隔年更邀請 15 位國手到全臺灣至少 50 間學校演講，分享技職之光的驕傲。

　　這一波從《技職 3.0》報導、群眾募資、俄羅斯

國際賽的報導、各主流媒體的合作、社群上具備聲量意見領袖的串連、臺北 101 合作以及技職國手巡迴全臺灣演講,這種整合公部門、私部門與我所經營的非營利組織,形成良好的「柔性倡議」,串聯不同利害關係人共同為技職議題努力。

　　所以,青年委員並不是所謂的長官,而是一位已長年深度耕耘議題的人,可以作為議題推動的溝通橋樑的角色。這不只須具備該領域的專業、生態耕耘,更要懂其文化與熟悉相關部會人員。

基於青諮政策參與經驗做進一步推動

　　由於這些技職政策參與經驗,發現有部分社會問題是單靠政府體制無法解決的,換而言之,單靠青年委員身分是無法做全然的推動,必須仰賴民間角色一起發動策略聯盟。2018 年為了擴大技職影響力,成立非營利組織 Skills for U,將我在政策場域、媒體場域無法處理的問題,設計成 Skills for U 的解決方案。

　　以未來技職人才來說,依據《人才白皮書》、《技術及職業教育法》、《技術及職業教育政策綱領》,都規範,操作性人才將逐漸被取代,技職教育應培養面對全球社會、經濟、科技與環境變遷下,回應未來產

業發展的關鍵人才，不只要具備技術力，創新思考與跨域整合能力更需具備，才能成為國家未來經濟發展、社會融合及技術傳承與產業創新的推力。可是，當我們政策方向如此，最核心的教學現場生態未必如此，更多的是去技術化的教學過程，技能無以扎根，或是單純操作式的訓練，考證照或是選手培訓。

　　為了處理這問題，Skills for U 借鏡國內外諸多課程發展團體，與新北市教育局合作，協助新北市的高職老師發展回應社會永續 SDGs 及問題導向課程，讓所學技能在基於社會需求與人性洞察下，得以作為社會實踐的載體，不論是單一技能，或是多種技能的組合。以新北瑞芳高工為例子，在課程中集結建築、土木……等 10 個不同科別學生，改造活化瑞芳火車站與老街、景觀文史的美化，應用英語科學生也能透過原作成為面向外國遊客的文史傳播介紹者，這樣的課程將立體化技能面貌，也促進技職學校與社區、社會議題的連結。試想，技職人才擁有社會百態的相關科系，從木工、花藝到機器、水產養殖，這些技能的疊加並指向社會永續，將為技職教育打開新的面貌。目前在新北市試行，我們期待，這將成為未來改變技職教育面貌的創新專案，也引導技職人用技能服務社會。

　　這樣的新型態專案，更獲得擁有 83 個會員國的

國際最大技能發展組織 WorldSkills International 選為世界 12 大技能新創案例,並在全球理事會中露出,是臺灣首次有人登上此技職國際舞臺案例,輸出臺灣技能新創能量,用技能與世界交朋友。

因此,作為青年委員,並不能只單純想著透過跟公務人員開會,達到議題的推進,這反而只是一個樞紐,作為溝通橋樑,並在這橋樑外連接著自己的其他面向影響力,整個生態系才有可能達到真正的翻轉。

｜作者介紹｜黃偉翔

技職議題工作者,曾獲選 WorldSkills 世界 12 大技能新創家、《天下雜誌》新世代領袖、中華民國第 58 屆十大傑出青年等獎項。

經歷
2016-2020 年　行政院青年諮詢委員會委員
2019 年　　　　新北市青年事務委員會委員

臺中經驗　轟轟烈烈

林楷庭

不小心就走進來

　　我在高二以前，是個對於政策、政府，乃至於政治，毫無所悉的一位學生，這四年的經歷，我其實從未想像過。

　　高一下學期時，某日學校公民老師在課間提及，他在上班途中收聽廣播，正在廣告臺中市政府將成立「青年事務審議會」（以下簡稱青年議會），期望透過擴大公共參與的平臺，讓青年有機會參與公共事務及表達意見，以納入市政推動參考，十五至三十五歲在臺中市居住或就學的市民皆可報名。然而，甫從學風封閉的私立中學升上公立高中的我，第一次感受到這個社會自由的空氣，任何挑戰都躍躍欲試，一聽到這個資訊，也就報名參加了青年議會。當時其實未抱著

任何目的或理想，就覺得好像是一件有趣的事。

　　2016年的暑假，時任臺中市長林佳龍宣布青年議會成立，升高二的我，十六歲，也順利當選第一屆的青年代表。青年議會幾乎各方面都比照當時的臺中市議會，共六十三個席次、一年任期中分別在暑假及寒假召開連續一週的會議，制度上亦分為大會及委員會，六個委員會分別為民政、財政經濟、交通地政、教育文化、警消環衛及都發建設水利，與臺中市議會的編制、所分別涵蓋的一級機關完全相同，也利用原臺中縣議會的議事廳空間進行會議，相當具有真實性及臨場感，市長及市政府一級首長更親自出席會議，透過類似市議會質詢局處首長的詢答方式，接受青年代表五花八門的提問，與青年代表們面對面溝通政策、拉近彼此的想法及距離。而青年代表的想法，也能直接與政策制訂者相互交換意見、向公務機關注入年輕的活水，這是全臺灣各地方政府的青年諮詢組織中，政府單位代表層級最高的，也是全臺首創以「議會模式」運作的組織。

新產物的混亂

　　青年議會共遴選六十三位青年代表，由自我推

薦、學校推薦及網路票選等三種管道選出,有里長、醫師、律師、青農、政治工作者等,更因承辦單位為教育局,透過學校推薦,而有至少三分之一的高中或大學生。但類似議會形式的運作模式沒有先例,各方成員的資訊落差很大,代表行政方的承辦單位教育局,因堅持青年議會是仿民意機關,行政單位應避免介入其獨立運作,而無法積極協助或指導。在組織定位未明、組織成員互不熟悉、組織體制未完整釐清的情況下,大家開始對各種事項都提出想法。人多嘴雜、各持己見,包含會議的影音是否直播,落實公開透明;或是議事進行的程序及規則的爭論;以及教育局為每位青年代表所採購的水杯、會後發放的餐盒等,過去公務機關習慣的排場與慣例,都被討論及檢討。

然而市政府的二十九個局處,則必須在原有的業務外,額外且第一次接觸這樣陌生的組織,該如何參採由市民擔任青年代表所提出的意見,納入政府的決策之中,都是對現有政府體制及公務機關與人員的一大衝擊。此外,為了讓青年代表能了解政府政策的詳細執行情形,市政府設計了青年代表的書面詢問單,類似市議會的議員書面質詢條,能向各局處索取資料,或是在非會議期間提出書面的市政建議,使青年代表能更無資訊落差地提出政策想法,以及無時差地

提出市政建言。但畢竟青年議會與擁有法定權力的市議會不同，在如此相像的組織體制下，公務機關該如何拿捏面對兩個組織不同層級的回應？且此制度未有明確法定程序與規範，必須像行政機關向議會負責的互動關係嗎？沒有人能正面回答。

蹦出新滋味

　　除了不斷在釐清的組織定位外，青年代表提出的市政建言才是青年議會的重點。成立青年諮詢組織的目的，即是為了讓青年以年輕人的角度，看待公共事務；以年輕人的面向，提出各式的意見。尤以臺中青年議會為例，未如多數縣市的做法，將議題聚焦在青年就業、創業等主題，而是全面全方位地讓青年參與所有的領域。曾任青年代表的阮家銘先生，更以《審議式民主與青年的政治參與——以臺中市青年事務審議會為例》為題撰擬論文，其中比較了臺中市議會及臺中青年議會兩者成員關注焦點的異同。

　　以因遴選制度而在青年議會佔比超過三分之一的學生族群為例，多半介於十五至十八歲之間，其對市政的觀察或想法，因尚未具投票權，是過去從未被代言、或是無法在市議會內被發聲的一群，因此聚焦的

議題，過去幾乎未出現於市議會中，主要以教育現場的問題現況及學生權利方面為主。如時任豐原高商班聯會會長，青年代表莊榕茉關心各校學生會與教育主管機關的連結與資訊的互通程度，認為應該透過更緊密的聯繫或溝通平臺，如實反映教育現場的真實情況，而非一昧接受且相信各校校務主管的片面說詞；時任臺中一中學生會長，青年代表何御廷關心朝會及升旗制度的存廢與朝會數位化的可能性，質疑這是威權體制仍殘留在校園中，且以目前氣候變遷及空氣品質惡化的趨勢，目前以傳達事項為主的朝會應該透過更現代化、科技化的方式呈現；明道中學學生，青年代表李宇翔質疑校園空氣品質偵測及空品旗的成效，各校消極面對空品旗的更換作業，更未落實空氣品質惡化時，應改以室內課程為主的作法，批評這是上有政策下有對策；明道中學學生，青年代表溫佑宸關心創客教育及提出設置行動 Maker 夢想巡迴專車的構想，時任臺中市教育局長彭富源更積極表示將參採該項提案，後來市政府也真正推出行動 Maker 夢想巡迴專車，在臺中市各校園中巡迴；以及我當時身為文華高中的學生，因為學校校舍全面進行耐震補強的工程，而關心學校校園工程施工噪音及粉塵污染的監測及管控問題，訴求訂定標準及落實工地監工，拒絕高分貝噪音長期干擾教學進行，保障學生受教權；亦關

心退休教師回聘兼課，恐怕會排擠年輕教師投入教職的機會，向教育局提出詢問，更以文華高中當時的情況舉例，退休教師每月領取 6 萬多元退休金，若每週到校代課 3 天，每月上限最多可領 3.2 萬元，但卻已不具教學熱情，對學生來說未必是好事，應建立機制讓各方能公平競爭，挑選出最合適的老師。雖教育局以不違法、無從介入來回應此建議，但仍更得到自由時報的報導：「退休教師回鍋 青年代表指排擠新進老師工作機會」，使得這樣的現況有機會被討論。

其次則是交通議題，惠文高中學生，青年代表黎宏濬關心公共自行車 iBike 的設站標準，以及提出一中商圈應實施時段性封街，以充分保障學生及行人的安全；更有多位青年代表能精準指出特定公車路線的脫班或漏班問題。綜上所述，推測因學生為大眾運輸系統最大的通勤客群，以及經常聚集於特定商圈補習，所以關心的程度僅次於教育議題。

此外，如前文所述，亦曾有里長當選青年代表，包含現任國民黨籍臺中市議員，時任無黨籍南區工學里里長羅廷瑋，即較聚焦於里內各項事務及問題，如爭取文小 66 用地興建國小、柳川邊護欄年久失修問題，以及市政府應帶頭給資源協助里長開拓新服務等；現任太平區福隆里里長黃楷能曾提出，太平區福隆里內的光興路路段應進行路面重新刨鋪的建議；現

任西區公民里里長林京玲則曾提出，里長借用國小活動中心舉辦活動遭遇的各項困難及問題。由此可知，具里長身分的青年代表，議題多半聚焦於里長本身里內的事務上，將此做為各區擴大區務會議、里長聯繫會議外，多一項發聲的管道，也相對較與市議會中的議題重疊。

欸？好多政治人物

然而青年議會自組成以來，成員中具有政治背景的比例，更時常成為焦點，甚至登上市議會的質詢攻防內容，國民黨籍臺中市議員陳政顯曾在質詢時批評時任臺中市長林佳龍，用公帑養「小龍團隊」，尤其「議會」之名更挑動市議員的敏感神經。細數三屆以來的青年代表名單，以 2018 年地方選舉成功當選、進入真正的縣市議會的民進黨籍臺中市議員張家銨、蔡耀頡、國民黨籍臺中市議員羅廷瑋、無黨籍苗栗縣議員曾玟學等四位最具代表性；亦包含前國民黨指定中常委劉昱佑、前民進黨籍臺中市議員候選人劉厚承、國民黨籍福隆里里長黃楷能、無黨籍公民里里長林京玲、前東英里里長候選人何國瑞、前六股里里長候選人蘇德城、前時代力量副執行長林佳儀等，以及

多位中央地方民意代表的助理，組成橫跨藍綠黃各黨派。相較其他各縣市，或許因議會模式的執行方式，較具曝光度及仿真訓練素材，以結果來說，的確政治性較高，但也使組織更須受到關注及監督，運作的情況更會受到媒體關注，未嘗是壞事。

從未面對過的考驗：輪替是危機還是轉機？

運作至第三屆的青年議會，迎來了前所未有的挑戰。

2018 年十一月二十四日，盧秀燕擊敗尋求連任的市長林佳龍，成為新一任的臺中市長。但早在選前一個月，十一月初，依慣例要開始安排年底的青年代表培力活動，以及寒假將召開的會議時，教育局的承辦科員卻向我表達：「市長正逢選舉你知道嗎？」這句話背後代表著青年議會本身所充滿的高度政治敏感性，以及在面對選舉或政權可能輪替的情況下，青年諮詢組織在現實上，會遭遇到承辦公務機關的刻意停擺，甚至是其推測政權更換的可能，新政權上臺後將會對前朝的重要政策進行處理。

然而，果真在選舉結束後的第二個上班日，教育局的承辦科員隨即在青年代表的群組中宣布，暫緩原

定活動，雖無明確表達與政黨輪替有關，但確實能推測須靜待市長交接後，新市府的安排。可見青年諮詢組織有很大機會被公務機關視為特定政權的重大政策，在政權交接期間必須進入看守期，即便青年代表任期仍未結束且尚未過半，此時卻已無法行使任何職權，政府威信勢必受到質疑。

　　十二月二十五日，新任臺中市長盧秀燕宣誓就職，陸續開始請各局處盤點局處內的重大政策推動情形及業務報告。根據了解，在 2019 年一月十八日，教育局召開會議進行業務工作報告，由市長盧秀燕親自擔任會議主席，而青年議會被列在教育局高中職教育科的其中一項業務。且當天的會議資料中，甚至以書面分析各種調整或廢止青年諮詢組織，可能帶來的影響或面對的輿論衝擊，根據當天的會議結論，市長裁示同意立即廢止青年議會相關法規。但當天教育局高中職教育科是如何口頭向市長報告，或是以何種角度向市長呈現，只有當時與會的成員知道。並且我也是在相關法規已廢止一段時間後，整理青年議會雲端資料庫時，才意外尋獲當時的決策內容。

　　然而在青年代表對這些市政府內部會議毫不知情的情況下，一月二十八日，教育局邀集了包含總召集人我、副總召集人及各委員會第一、二召集人等幹部，拋出青年議會將轉型的消息，並說明可能由勞工

局與經濟發展局成立青年事務專責單位,可能朝向協助青年創業、青年就業的議題方向。雖然當場未提出任何轉型詳細草案,但教育局也具體承諾青年代表在任期內權益不變,會圓滿結束當屆青年議會,而當天從未提及青年議會即將被裁撤。

豈料,二月一日及二月十二日,臺中市政府分別在臺中市政府主管法規查詢系統公告「臺中市政府青年事務審議會青年代表遴選作業規定」、「臺中市政府青年事務審議會議事程序」及「臺中市政府青年事務審議會設置要點」停止適用,但卻未通知任何一位,任期才剛過一半的六十三位青年代表們,而是讓青年代表自行在公告兩天後意外發現,自己的權益已經遭受迫害。

二月十四日,據了解,在市政府同仁提醒媒體相關資訊後,各家媒體紛紛開始報導相關新聞。隔日,教育局發出新聞稿直指青年議會「功能性及效益不佳、專業度及效能有待提升」,更在提供給市議會的專案報告中批評青年議會浪費公帑、排擠資源,但半年前教育局的市政新聞中,才大力稱讚過去青年議會提案近三百案,市政府採用的比例也高達八成五,可見教育局的態度因執政者的更換而有重大轉變。而我在突然得知消息後,馬上諮詢了其他青年代表的意見,我身為青年議會第三屆總召集人,有責任站出來

向新市府喊話。因此隨即著手研擬訴求及聲明書、邀集青年代表的連署，以及二月十八日，我以總召集人的身分投書獨立評論《一場輪替一場空，中市府賞給青年的一巴掌》，清楚陳述事件始末，希求社會大眾的關注。

二月二十一日，太陽花學運世代、新科民進黨籍臺中市議員黃守達，邀請包含我在內的幾位時任青年代表，至市政府前廣場召開記者會抗議，並訴求新市府應成立青年事務局並清楚說明未來的青年政策。但其實如前段所述，青年代表的組成橫跨各黨各派、色彩多元，尤以立場偏近新入主市府的國民黨青年代表，甚至部分青年代表曾是盧秀燕市長候選人競選團隊的幹部，對於以召開記者會發動抗爭的態度偏向消極，且在當時政權輪替後，停止前朝政策，所謂「逢龍必反」的爭論，成為兩黨政治攻防的主要重點。若使原先即具高度政治敏感性的青年議會廢除事件，陷入兩黨攻防的泥淖，恐怕不利青年發聲的主體性及立場，因此我個人婉謝黃守達議員的邀請，決定自行號召更多青年代表站出來，但仍支持且感謝黃守達議員的發聲。

二月二十三日，是我人生第一次召開記者會，且要完整主持流程 30 分鐘，但我本身就很害怕站在第一線高呼口號、疾呼訴求，面對當時對我來說最萬惡

的政權，當天心情非常忐忑，況且雖參與成員不同，但同一事件二度進行記者會，使得媒體願意出席的意願成為壓力，因此最後蒐集了四十六位青年代表的連署，召集二十多位現任、前任的青年代表，包含當時亦甫當選臺中市議員，民進黨籍的張家錩、蔡耀頡等前任青年代表，臨時於記者會前晚同意在不發言的情況下出席記者會共同聲援，以弱化被輿論貼上遭特定政黨利用的標籤，一起在臺中市政府前抗議。

　　這是臺灣從有青年諮詢組織以來，頭一次有地方青年諮詢組織在任期中遭到政府無預警裁撤的事件，我們帶著預備好的承諾書，訴求市政府能完整保障我們的權益，並盡快完整提出新市府的青年政策方向、內容，這並非是為了我們自己的私人利益，其實是害怕「青年聲音納入政府施政」的管道，可能在當下會從此被斷送。但當天代表市政府出席記者會的教育局專門委員郭明洲，不願意簽下承諾書，且仍宣稱青年代表權益不變，正在研議轉型中，但事實上市政府已廢止相關法規，承辦單位教育局亦完全停止青年議會的運作，市政府的實際作為與市府代表的發言有極大的落差。

　　二月二十七日下午五點五十二分，二二八連假前夕的下班後，教育局原承辦股長臨時在青年代表的LINE 群組上宣布，連假結束後的第一個上班日，教

育局長楊振昇願意撥空與青年代表座談，想聽聽大家的意見。雖然政府部門想儘速與青年代表搭上溝通的橋樑，但倉促的會議安排，是使三分之一以上具有學生身分的青年代表連請假與會都來不及，況且安排會議的單位是主管各級學校的教育局，更凸顯長久以來教育主管機關與學生間的鴻溝。

三月十一日，新組成的市議會第三屆第一次臨時會，排定「臺中市青年事務審議會運作專案報告」，在市議員張家銨、蔡耀頡及徐瑄灃等人的質詢及要求下，教育局長楊振昇終承諾會持續與青年代表，在沒有設定次數上限的前提下，盡力與青年代表達成共識，並全面檢討過去的制度問題，努力籌組新的青年諮詢組織。

以前、以後

臺中市的青年諮詢組織走到第十二個年頭。從 2009 年，時任臺中市長胡志強成立「青少年市政諮詢小組」；2016 年，時任臺中市長林佳龍成立「青年事務審議會」；至 2019 年，現任臺中市長盧秀燕成立「青年事務諮詢委員會」，以及因應《兒童及少年福利與權益保障法》修法，恢復遴選臺中市兒童及少年

福利與權益保障促進委員會中的「兒童及少年代表」。在更多青少年及青年的聲音，進入市政運作體制內的同時，為了能繼續向前、面對挑戰、即時修正，我們必須回顧過去的經驗及錯誤，持續檢討及尋找相對適合的模式。

2009年，「青少年市政諮詢小組」（以下簡稱青諮小組）成立，是臺中首次出現由十二至二十五歲的青少年及青年，所組成的諮詢組織，且十八歲以下的成員，亦以兒童及少年代表的名義，出席市政府兒童及少年福利與權益保障促進委員會議。縣市合併前由臺中市社會處承辦，縣市合併後則由臺中市社會局承辦。關心的議題包含青少年勞動權益、幼兒園安全、多元性別教育、公共自行車及市區幹道型自行車道等議題，涵蓋勞工、教育、交通、建設領域。

其中最著名的事件是 2013 年，六位惠文高中在校生，提出「一中商圈部分路段時段性封街」的構想，獲得二十六所高中職、逾兩萬人連署支持，並與青諮小組合作，向時任臺中市副市長徐中雄提出建言。雖然最後因商圈攤販反對聲浪而未成功，但顯示青少年關心的議題，並非僅有政府層峰所設定的教育、兒童福利等領域，而是以青少年角度的日常生活，反應出過去未有機會發聲、未能使意見進入體制的事項。同時亦反應出若僅由社會局為承辦單位，恐

怕未能涉略或主導高比例的跨局處、領域的議題。

2015年，時任臺中市議員張廖萬堅、張芬郁、蔡雅玲及張玉嬿在市議會質詢時點出，恐怕是因市政府的消極作為，造成青年們對政府的期待逐漸下滑、政治冷漠，導致最後的效率低落與不作為。

2016年青年議會成立，為全臺首創議會模式的青年諮詢組織，能接觸的面向更擴及至每一個市政府的單位，已非過去刻板設定的青年就業、創業等陳濫領域，實為開啟青年發聲的新模式實驗。運作近三年下來，雖面臨諸多挑戰，如與公務機關的磨合、受到民意機關的質疑，以及政治工作者成員比例的爭議，都是在進行一場具規模性的公民實驗，在全臺青年諮詢組織一致模組化的情況下，尋找新的可能。

歷經政權輪替而出現的政治風波，也突顯青年諮詢組織的不穩定性，證實全臺青年參與政策機制的相關組織受到最大的威脅，就是隨時都能被取消、裁撤、廢止。臺中是第一個，難保有下一個縣市的相關組織遭到廢除。

曾有人提出以自治條例法制化的聲音，也值得思考，現行制度多以訂定行政規則來作為青年諮詢組織的法源，但隨時都能隨執政者喜好停止適用、全盤推翻，對於青年參與政策的權益及保障，恐無法長遠而行。因此，健全學生及青年參與政策的管道成為必

要，否則學生與青年的聲音，將一再承受因政策搖擺而被迫剝奪權利的風險，被更推向社會邊緣。

如今，盧秀燕市長所率領的市政府仍在新世代的浪潮下建立新的青年諮詢組織，第一屆青年事務諮詢委員會正在運作當中，下設教育文化、青年發展、青年樂活及公共參與等四小組，雖再度以未有數據佐證、政府層峰的思考邏輯，為青年設定領域，但採取與各縣市較相似的模式進行，或許能免除政治性的干擾，至於是否能再創造新的可能，即有賴於執政者及參與成員的能動性。

青年諮詢組織在臺中的經驗，有別於各縣市，更轟轟烈烈。獨特的經歷與火花在青年參政的紀錄上添上精彩的一筆。世代持續在滾動、青年活水持續湧出，青年參與政策的機制仍在劇烈地變動，期許這些過往的經驗，能促使新的世代繼續觸發新的可能，共同推進臺灣青年對公共事務的影響力。

｜作者介紹｜林楷庭

1999 年生，都市計畫領域在學生。現任臺中市政府青年事務諮詢委員會青年委員，曾任臺中市政府青年事務審議會總召集人。

經歷
2018-2019　臺中市政府青年事務審議會總召集人
2019-2021　臺中市政府青年事務諮詢委員會青年委員

國家圖書館出版品預行編目資料

誰代表青年？九位青年公共參與者的法槌／吳
律德等合著. --初版.--臺中市：白象文化，
2021.1
　　面；　公分.
ISBN 978-986-5559-43-4（平裝）
1.公民社會　2.社會參與　3.文集
514.07　　　　　　　　　　　　　109018082

誰代表青年？九位青年公共參與者的法槌

作　　者　吳律德、曾廣芝、黃偉翔、林家豪（Buyung Sigi）、陳建穎、賴建宏、楊昀臻、
　　　　　曾露瑤、林楷庭
校　　對　吳律德、曾廣芝
專案主編　林孟侃
出版編印　吳適意、林榮威、林孟侃、陳逸儒、黃麗穎
設計創意　張禮南、何佳諠
經銷推廣　李莉吟、莊博亞、劉育姍、王堉瑞
經紀企劃　張輝潭、洪怡欣、徐錦淳、黃姿虹
營運管理　林金郎、曾千熏
發 行 人　張輝潭
出版發行　白象文化事業有限公司
　　　　　412台中市大里區科技路1號8樓之2（台中軟體園區）
　　　　　出版專線：（04）2496-5995　　傳真：（04）2496-9901
　　　　　401台中市東區和平街228巷44號（經銷部）
　　　　　購書專線：（04）2220-8589　　傳真：（04）2220-8505
印　　刷　基盛印刷工場
初版一刷　2021 年 1 月
定　　價　200 元

白象文化　印書小舖　PRESSSTORE 出版・經銷・宣傳・設計
www·ElephantWhite·com·tw　f 自費出版的領導者　購書 白象文化生活館